编　委　会

序 一

/

以中华优秀传统文化为源　启中国式现代管理新篇

中华优秀传统文化形成于中华民族漫长的历史发展过程中，不断被创造和丰富，不断推陈出新、与时俱进，成为滋养中国式现代化的不竭营养。它包含的丰富哲学思想、价值观念、艺术情趣和科学智慧，是中华民族的宝贵精神矿藏。党的十八大以来，以习近平同志为核心的党中央高度重视中华优秀传统文化的创造性转化和创新性发展。习近平总书记指出"中华优秀传统文化是中华民族的精神命脉，是涵养社会主义核心价值观的重要源泉，也是我们在世界文化激荡中站稳脚跟的坚实根基"。

管理既是人类的一项基本实践活动，也是一个理论研究领域。随着社会的发展，管理在各个领域变得越来越重要。从个体管理到组织管理，从经济管理到政务管理，从作坊管理到企业管理，管理不断被赋予新的意义和充实新的内容。而在历史进程中，一个国家的文化将不可避免地对管理产生巨大的影响，可以说，每一个重要时期的管理方式无不带有深深的文化印记。随着中国步入新时代，在管理领域实施中华优秀传统文化的创造性转化和创新性发展，已经成为一项应用面广、需求量大、题材丰富、潜力巨大的工作，在一些重要领域可能产生重大的理论突破和丰硕的实践成果。

第一，中华优秀传统文化中蕴含着丰富的管理思想。中华优秀传统文化源远流长、博大精深，在管理方面有着极为丰富的内涵等待提炼和转化。比如，儒家倡导"仁政"思想，强调执政者要以仁爱之心实施管理，尤其要注重道德感化与人文关怀。借助这种理念改善企业管理，将会推进构建和谐的组织人际关系，提升员工的忠诚度，增强其归属感。又如，道家的"无为而治"理念延伸到今天的企业管理之中，就是倡导顺应客观规律，避免过度干预，使组织在一种相对宽松自由的环境中实现自我调节与发展，管理者与员工可各安其位、各司其职，充分发挥个体的创造力。再如，法家的"法治"观念启示企业管理要建立健全规章制度，以严谨的体制机制确保组织运行的有序性与规范性，做到赏罚分明，激励员工积极进取。可以明确，中华优秀传统文化为现代管理提供了多元的探索视角与深厚的理论基石。

第二，现代管理越来越重视文化的功能和作用。现代管理是在人类社会工业化进程中产生并发展的科学工具，对人类经济社会发展起到了至关重要的推进作用。自近代西方工业革命前后，现代管理理念与方法不断创造革新，在推动企业从传统的小作坊模式向大规模、高效率的现代化企业，进而向数字化企业转型的过程中，文化的作用被空前强调，由此衍生的企业使命、愿景、价值观成为企业发展最为强劲的内生动力。以文化引导的科学管理，要求不仅要有合理的组织架构设计、生产流程优化等手段，而且要有周密的人力资源规划、奖惩激励机制等方法，这都极大地增强了员工在企业中的归属感并促进员工发挥能动作用，在创造更多的经济价值的同时体现重要的社会价值。以人为本的现代管理之所以在推动产业升级、促进经济增长、提升国际竞争力等方面须臾不可缺少，是因为其体现出企业的使命不仅是获取利润，更要注重社会责任与可持续发展，在环境保护、社会公平等方面发挥积极影响力，推动人类社会向着更加文明、和谐、包容、可持续的方向迈进。今天，管理又面临数字技术的挑战，更加需要更多元的思想基础和文化资源的支持。

第三，中华优秀传统文化与现代管理结合研究具有极强的必要性。随着全球经济一体化进程的加速，文化多元化背景下的管理面临着前所未有的挑战与机遇。一方面，现代管理理论多源于西方，在应用于本土企业与组织时，往往会出现"水土不服"的现象，难以充分契合中国员工与生俱来的文化背景与社会心理。中华优秀传统文化所蕴含的价值观、思维方式与行为准则能够为现代管理面对中国员工时提供本土化的解决方案，使其更具适应性与生命力。另一方面，中华优秀传统文化因其指导性、亲和性、教化性而能够在现代企业中找到新的传承与发展路径，其与现代管理的结合能够为经济与社会注入新的活力，从而实现优秀传统文化在企业管理实践中的创造性转化和创新性发展。这种结合不仅有助于提升中国企业与组织的管理水平，增强文化自信，还能够为世界管理理论贡献独特的中国智慧与中国方案，促进不同文化的交流互鉴与共同发展。

近年来，中国企业在钢铁、建材、石化、高铁、电子、航空航天、新能源汽车等领域通过锻长板、补短板、强弱项，大步迈向全球产业链和价值链的中高端，成果显著。中国企业取得的每一个成就、每一项进步，离不开中国特色现代管理思想、理论、知识、方法的应用与创新。中国特色的现代管理既有"洋为中用"的丰富内容，也与中华优秀传统文化的"古为今用"密不可分。

"中华优秀传统文化与现代管理融合"丛书（以下简称"丛书"）正是在这一时代背景下应运而生的，旨在为中华优秀传统文化与现代管理的深度融合探寻路径、总结经验、提供借鉴，为推动中国特色现代管理事业贡献智慧与力量。

"丛书"汇聚了中国传统文化学者和实践专家双方的力量，尝试从现代管理领域常见、常用的知识、概念角度细分开来，在每个现代管理细分领域，回望追溯中华优秀传统文化中的对应领域，重在通过有强大生命力的思想和智慧精华，以"古今融会贯通"的方式，进行深入研究、探索，以期推出对我国现代管理有更强滋养力和更高使用价值的系列成果。

文化学者的治学之道，往往是深入研究经典文献，挖掘其中蕴含的智慧，并对其进行系统性的整理与理论升华。据此形成的中华优秀传统文化为现代管理提供了深厚的文化底蕴与理论支撑。研究者从浩瀚典籍中梳理出优秀传统文化在不同历史时期的管理实践案例，分析其成功经验与失败教训，为现代管理提供了宝贵的历史借鉴。

实践专家则将传统文化理念应用于实际管理工作中，通过在企业或组织内部开展文化建设、管理模式创新等实践活动，检验传统文化在现代管理中的可行性与有效性，并根据实践反馈不断调整与完善应用方法。他们从企业或组织运营的微观层面出发，为传统文化与现代管理的结合提供了丰富的实践经验与现实案例，使传统文化在现代管理中的应用更具操作性与针对性。

"丛书"涵盖了从传统文化与现代管理理论研究到不同行业、不同领域应用实践案例分析等多方面内容，形成了一套较为完整的知识体系。"丛书"不仅是研究成果的结晶，更可看作传播中华优秀传统文化与现代管理理念的重要尝试。还可以将"丛书"看作一座丰富的知识宝库，它全方位、多层次地为广大读者提供了中华优秀传统文化在现代管理中应用与发展的工具包。

可以毫不夸张地说，每一本图书都凝聚着作者的智慧与心血，或是对某一传统管理思想在现代管理语境下的创新性解读，或是对某一行业或领域运用优秀传统文化提升管理效能的深度探索，或是对传统文化与现代管理融合实践中成功案例与经验教训的详细总结。"丛书"通过文字的力量，将传统文化的魅力与现代管理的智慧传递给广大读者。

在未来的发展征程中，我们将持续深入推进中华优秀传统文化在现代管理中的创造性转化和创新性发展工作。我们坚信，在全社会的共同努力下，中华优秀传统文化必将在现代管理的广阔舞台上绽放出更加绚丽多彩的光芒。在中华优秀传统文化与现代管理融合发展的道路上砥砺前行，为实现中华民族伟大复兴的中国梦做出更大的贡献！

是为序。

朱宏任

中国企业联合会、中国企业家协会

党委书记、常务副会长兼秘书长

序　二

/

文化传承　任重道远

财政部国资预算项目"中华优秀传统文化在现代管理中的创造性转化与创新性发展工程"系列成果——"中华优秀传统文化与现代管理融合"丛书和读者见面了。

一

这是一组可贵的成果，也是一组不够完美的成果。

说她可贵，因为这是大力弘扬中华优秀传统文化（以下简称优秀文化）、提升文化自信、"振民育德"的工作成果。

说她可贵，因为这套丛书汇集了国内该领域一批优秀专家学者的优秀研究成果和一批真心践行优秀文化的企业和社会机构的卓有成效的经验。

说她可贵，因为这套成果是近年来传统文化与现代管理有效融合的规模最大的成果之一。

说她可贵，还因为这个项目得到了财政部、国务院国资委、中国企业联合会等部门的宝贵指导和支持，得到了许多专家学者、企业家等朋友的无私帮助。

说她不够完美，因为学习践行传承发展优秀文化永无止境、永远在进步完善的路上，正如王阳明所讲"善无尽""未有止"。

说她不够完美，因为优秀文化在现代管理的创造性转化与创新性发展中，还需要更多的研究专家、社会力量投入其中。

说她不够完美，还因为在践行优秀文化过程中，很多单位尚处于摸索阶段，且需要更多真心践行优秀文化的个人和组织。

当然，项目结项时间紧、任务重，也是一个逆向推动的因素。

二

2022年，在征求多位管理专家和管理者意见的基础上，我们根据有关文件精神和要求，成立专门领导小组，认真准备，申报国资预算项目"中华优秀传统文化在现代管理中的创造性转化与创新性发展工程"。经过严格的评审筛选，我们荣幸地获准承担该项目的总运作任务。之后，我们就紧锣密鼓地开始了调研工作，走访研究机构和专家，考察践行优秀文化的企业和社会机构，寻找适合承担子项目的专家学者和实践单位。

最初我们的计划是，该项目分成"管理自己""管理他人""管理事务""实践案例"几部分，共由60多个子项目组成；且主要由专家学者的研究成果专著组成，再加上几个实践案例。但是，在调研的初期，我们发现一些新情况，于是基于客观现实，适时做出了调整。

第一，我们知道做好该项目的工作难度，因为我们预想，在优秀文化和现代管理两个领域都有较深造诣并能融会贯通的专家学者不够多。在调研过程中，我们很快发现，实际上这样的专家学者比我们预想的更少。与此同时，我们在广东等地考察调研过程中，发现有一批真心践行优秀文化的企业和社会机构。经过慎重研究，我们决定适当提高践行案例比重，研究专著占比适当降低，但绝对数不一定减少，必要时可加大自有资金投入，支持更多优秀项目。

第二，对于子项目的具体设置，我们不执着于最初的设想，固定甚至限制在一些话题里，而是根据实际"供给方"和"需求方"情况，实事求是地做必要的调整，旨在吸引更多优秀专家、践行者参与项目，支持更多优秀文化与现代管理融合的优秀成果研发和实践案例创作的出版宣传，以利于文化传承发展。

第三，开始阶段，我们主要以推荐的方式选择承担子项目的专家、企业和社会机构。运作一段时间后，考虑到这个项目的重要性和影响力，我们觉得应该面向全社会吸纳优秀专家和机构参与这个项目。在请示有关方面同意后，我们于2023年9月开始公开征集研究人员、研究成果和实践案例，并得到了广泛响应，许多人主动申请参与承担子项目。

三

这个项目从开始就注重社会效益，我们按照有关文件精神，对子项目研发创作提出了不同于一般研究课题的建议，形成了这个项目自身的特点。

（一）重视情怀与担当

我们很重视参与项目的专家和机构在弘扬优秀文化方面的情怀和担当，比如，要求子项目承担人"发心要正，导人向善""充分体现优秀文化'优秀'二字内涵，对传统文化去粗取精、去伪存真"等。这一点与通常的课题项目有明显不同。

（二）子项目内容覆盖面广

一是众多专家学者从不同角度将优秀文化与现代管理有机融合。二是在确保质量的前提下，充分考虑到子项目的代表性和示范效果，聚合了企业、学校、社区、医院、培训机构及有地方政府背景的机构；其他还有民间传统智慧等内容。

（三）研究范式和叙述方式的创新

我们提倡"选择现代管理的一个领域，把与此密切相关的优秀文化高度融合、打成一片，再以现代人喜闻乐见的形式，与选择的现代管理领域实现融会贯通"，在传统文化方面不局限于某人、某家某派、某经典，以避免顾此失彼、支离散乱。尽管在研究范式创新方面的实际效果还不够理想，有的专家甚至不习惯突破既有的研究范式和纯学术叙述方式，但还是有很多子项目在一定程度上实现了研究范式和叙述方式的创新。另外，在创作形式上，我们尽量发挥创作者的才华智慧，不做形式上的硬性要求，不因形式伤害内容。

（四）强调本体意识

"本体观"是中华优秀传统文化的重要标志，相当于王阳明强调的"宗旨"和"头脑"。两千多年来，特别是近现代以来，很多学者在认知优秀文化方面往往失其本体，多在细枝末节上下功夫；于是，著述虽多，有的却如王阳明讲的"不明其本，而徒事其末"。这次很多子项目内容在优秀文化端本清源和体用一源方面有了宝贵的探索。

（五）实践丰富，案例创新

案例部分加强了践行优秀文化带来的生动事例和感人故事，给人以触动和启示。比如，有的地方践行优秀文化后，离婚率、刑事案件大幅度下降；有家房地产开发商，在企业最困难的时候，仍将大部分现金支付给建筑商，说"他们更难"；有的企业上新项目时，首先问的是"这个项目有没有公害？""符不符合国家发展大势？""能不能切实帮到一批人？"；有家民营职业学校，以前不少学生素质不高，后来他们以优秀文化教化学生，收到良好效果，学生素质明显提高，有的家长流着眼泪跟校长道谢："感谢学校救了我们全家！"；等等。

四

调研考察过程也是我们学习总结反省的过程。通过调研，我们学到了许多书本中学不到的东西，收获了满满的启发和感动。同时，我们发现，在学习阐释践行优秀文化上，有些基本问题还需要进一步厘清和重视。试举几点：

（一）"小学"与"大学"

这里的"小学"指的是传统意义上的文字学、音韵学、训诂学等，而"大学"是指"大学之道在明明德"的大学。现在，不少学者特别是文史哲背景的学者，在"小学"范畴苦苦用功，做出了很多学术成果，还需要在"大学"修身悟本上下功夫。陆九渊说："读书固不可不晓文义，然只以晓文义为是，只是儿童之学，须看意旨所在。"又说"血脉不明，沉溺章句何益？"

（二）王道与霸道

霸道更契合现代竞争理念，所以更为今人所看重。商学领域的很多人都偏爱霸道，认为王道是慢功夫、不现实，霸道更功利、见效快。孟子说："仲尼之徒无道桓、文之事者。"（桓、文指的是齐桓公和晋文公，春秋著名两霸）王阳明更说这是"孔门家法"。对于王道和霸道，王阳明在其"拔本塞源论"中有专门论述："三代之衰，王道熄而霸术煸……霸者之徒，窃取先王之近似者，假之于外，以内济其私己之欲，天下靡然而宗之，圣人之道遂以芜塞。相仿相效，日求所以富强之说，倾诈之谋，攻伐之计……既其久也，斗争劫夺，不胜其祸……而霸术亦有所不能行矣。"

其实，霸道思想在工业化以来的西方思想家和学者论著中体现得很多。虽然工业化确实给人类带来了福祉，但是也带来了许多不良后果。联合国《未来契约》（2024年）中指出"我们面临日益严峻、关乎存亡的灾难性风险"。

（三）小人儒与君子儒

在"小人儒与君子儒"方面，其实还是一个是否明白优秀文化的本体问题。陆九渊说："古之所谓小人儒者，亦不过依据末节细行以自律"，而君子儒简单来说是"修身上达"。现在很多真心践行优秀文化的个人和单位做得很好，但也有些人和机构，日常所做不少都还停留在小人儒层面。这些当然非常重要，因为我们在这方面严重缺课，需要好好补课，但是不能局限于或满足于小人儒，要时刻也不能忘了行"君子儒"。不可把小人儒当作优秀文化的究竟内涵，这样会误己误人。

（四）以财发身与以身发财

《大学》讲："仁者以财发身，不仁者以身发财。"以财发身的目的是修身做人，以身发财的目的是逐利。我们看到有的身家亿万的人活得很辛苦、焦虑不安，这在一定意义上讲就是以身发财。我们在调查过程中也发现有的企业家通过学习践行优秀文化，从办企业"焦虑多""压力大"到办企业"有欢喜心"。王阳明说："常快活便是功夫。""有欢喜心"的企业往往员工满足感、幸福感更强，事业也更顺利，因为他们不再贪婪自私甚至损人利己，而是充满善念和爱心，更符合天理，所谓"得道者多助"。

（五）喻义与喻利

子曰："君子喻于义，小人喻于利。"义利关系在传统文化中是一个很重要的话题，也是优秀文化与现代管理融合绕不开的话题。前面讲到的那家开发商，在企业困难的时候，仍坚持把大部分现金支付给建筑商，他们收获的是"做好事，好事来"。相反，在文化传承中，有的机构打着"文化搭台经济唱戏"的幌子，利用人们学习优秀文化的热情，搞媚俗的文化活动赚钱，歪曲了优秀文化的内涵和价值，影响很坏。我们发现，在义利观方面，一是很多情况下把义和利当作对立的两个方面；二是对义利观的认知似乎每况愈下，特别是在西方近代资本主义精神和人性恶假设背景下，对人性恶的利用和鼓励（所谓"私恶即公利"），出现了太多的重利轻义、危害社会的行为，以致产生了联合国《未来契约》中"可持续发展目标的实现岌岌可危"的情况。人类只有树立正确的义利观，才能共同构建人类命运共同体。

（六）笃行与空谈

党的十八大以来，党中央坚持把文化建设摆在治国理政突出位置，全国上下掀起了弘扬中华优秀传统文化的热潮，文化建设在正本清源、守正创新中取得了历史性成就。在大好形势下，有一些个人和机构在真心学习践行优秀文化方面存在不足，他们往往只停留在口头说教、走过场、做表面文章，缺乏真心真实笃行。他们这么做，是对群众学习传承优秀文化的误导，影响不好。

五

文化关乎国本、国运，是一个国家、一个民族发展中最基本、最深沉、最持久的力量。

中华文明源远流长，中华文化博大精深。弘扬中华优秀传统文化任重道远。

"中华优秀传统文化与现代管理融合"丛书的出版，不仅凝聚了子项目承担者的优秀研究成果和实践经验，同事们也付出了很大努力。我们在项目组织运作和编辑出版工作中，仍会存在这样那样的缺点和不足。成绩是我们进一步做好工作的动力，不足是我们今后努力的潜力。真诚期待广大专家学者、企业家、管理者、读者，对我们的工作提出批评指正，帮助我们改进、成长。

企业管理出版社国资预算项目领导小组

前　言

/

　　管理思想和管理方式是一种文化的积累，当文化发展到一定阶段时，其所蕴含的真谛就迸发出思想理论的火花，而这种火花通常会集中体现在该文化对人、对事的管理智慧上。管理智慧的火花表现形式并不一样，有的是显性文化的样式，浅显易懂；有的是隐性文化的内容，深奥晦涩。而不同的群体、个人由于文化背景、知识结构和认知能力的差异，对管理智慧的领会差异悬殊。深奥晦涩的学说和理论，内涵无穷，但应者寥寥，要引起大多数人的共鸣，并应用在更多实践场景中，把深奥晦涩的学说和理论用浅显易懂的语言或方式表述出来就非常必要。我们试图完成这一重要且令人快乐的事情，那就是把深奥晦涩的关于中国管理智慧的学说和理论，用浅显易懂的语言或方式表述出来，从而使这些管理智慧能够在更多人之间传递，使这些智慧被快乐接纳、有效运用，如此我们也就乐在其中了。

　　任何时代的管理方式都是当时社会文化的一种反映。中华民族有几千年的文化积累，早已形成了基于深厚中国文化底蕴的管理智慧。它是中华民族的瑰宝，是亟须传承并发扬光大的。中国管理智慧体现着中华民族的精气神，彰显了中华民族的魂与魄，它既是一门科学，也是一门艺术。当今世界正处于信息化、全球化时代，在科技的飞速发展中，人类感到前所未有的困惑，尤其是身处必须实施跨文化管理的现代组织之中的不同个体，对管理已经迷失了方向。2008 年出现的国际金融危机，使主要采用西方管理方式的不少跨国公司面临管理的困境，雷曼兄弟等百年老店纷纷破产，人们不得不对西方管理学进行再思考，同时也开始寻求符合当今时代的管理智慧。很多有识之士把目光投向了古老的中国。正如瑞典的汉内斯·阿尔文博士（1970 年诺贝尔物理学奖获得者）所言："人类要生存下去，就必须回到 25 个世纪以前，去汲取孔子的智慧。"当然，不仅是要回到传统中，同时也要浸润于当今时代。时代召唤中国管理智慧的发扬光大，时代呼唤对中国管理智慧的有效解读，从而建构中国式管理模式，把中国管理智慧与当代管理实际有机地结合起来，充分建立文化自信，开拓中国管理智慧运用的新时代，这是撰写本书的目的所在。

中华优秀传统文化蕴含丰富的管理文化资源，学习中华优秀传统文化与现代企业管理，就在于领会文化之精粹与现代管理之道，从而领悟中国管理智慧，为当代中国管理理论建构和实践探索服务，同时也为世界管理学贡献中国智慧。几千年来中国特定的社会存在，逐渐凝聚成一种相对稳定的思维方式和行为方式，形成了中国特有的传统文化。中华优秀传统文化对当代各种类型的组织运行有多方面的影响，我们身处其中，似乎又没有发现什么。"不识庐山真面目，只缘身在此山中"。笔者认为中华传统文化主要集中体现在以下几个方面：一是汉字的阅读书写和用汉字思维；二是传统中国的家庭、家族、家国结构和伦理；三是"三教合一"的文化观，可以理解为"儒家治世，佛教治心，道教治身"；四是理解和诠释宇宙的"阴阳五行"学说，以及在这套学说基础上发展出来的知识、观念和技术（中医、审美等）；

五是"天圆地方"的观念。中华传统文化中蕴含的管理智慧对当代管理具有积极的促进作用。一是重视人际关系，有助于中国企业文化"以人为中心"管理特色的形成，彰显了"天人合一""天时不如地利，地利不如人和""得人心者得天下，失人心者失天下"等思想。二是重视道德教化，有助于确立优秀的价值观念来引导员工行为。三是"以义制利"思想，有助于形成正确的义利观，有助于先利他后利己观念的形成。当然，中华传统文化也有不利于当代管理的消极因素。一是家国一体，家族伦理传统中的某些观念对企业的自主独立不利（官本位和政企不分）。二是极端的中庸思想制约人的进取精神（枪打出头鸟、人怕出名猪怕壮、不患寡而患不均）。三是过分强调群体意识，过分强调在群体背景下思考问题，不利于企业家大胆开拓创新。我们力图诠释中国管理智慧，并不是全盘托出中国古代的文化，而是希望用扬弃的方式对传统文化取其精华、去其糟粕，从而宏扬积极的、适用于当代的、富有强大生命力的中国管理智慧。

中国古代文化的产生基于中国古代的生产实践，并随着生产力的发展而不断进步、不断丰富。儒家思想长期占据中国古代思想的主体地位，孔孟的"民本""仁政""义利"思想，以及"修齐治平""选贤任能""和为贵"等思想影响中国两千多年。随着生产力的发展，中国古代的生产方式不断转变，主流思想随之演进，表现为从孔学到孔孟之学，从传统儒学到"三教合一"的新儒学（宋明理学）。学习中华优秀传统文化，领会其中的立身、立业之道，进而将其精华运用于当今企业等组织的管理活动中，就是对中国管理智慧的领会和应用。中华优秀传统文化博大精深，本书着重从儒、道、法、兵四家与当今商业活动关系密切的思想展开，提炼一些管理之道，展示其中的管理智慧。本书彰显了孔子的执着追求、孟子的仁爱之心、老子的玄妙思索、庄子的逍遥放旷、孙子的足智多谋，并通过对其中管理智慧的解读，试图使读者获得虚怀若谷的胸襟、避免功利的启迪、零基思维的心态、提升感悟的捷径、用心思考的习惯、分享经验的作风，将运用中国管理智慧之妙，存乎一心（见图 1）。

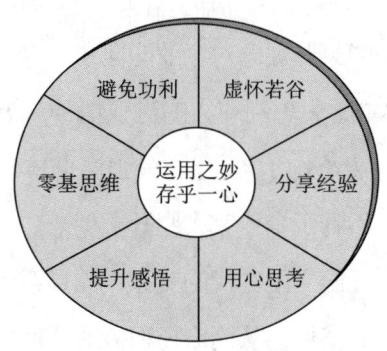

图 1　中国管理智慧运用之妙

复旦大学教授、博导

复旦大学东方管理研究院创始院长

2025 年 6 月

目　录

/

第一章
中国管理智慧的内修法则——修己

《论语·宪问》中有这样一段文字："子路问君子，子曰：'修己以敬。'曰：'如斯而已乎？'曰：'修己以安人。'曰：'如斯而已乎？'曰：'修己以安百姓。修己以安百姓，尧、舜其犹病诸！'"

子路问怎样做才是君子，孔子答道："提高自身的修养以做到恭敬认真。"子路又问："这样就可以了吗？"孔子说："提高自身的修养并且使别人安乐。"子路再问："这样就可以了吗？"孔子说："提高自身的修养并且使百姓都安乐。提高自身修养并使百姓安乐，尧、舜恐怕都很难完全做到吧！"

管理最难的是对人的管理。孔子认为，要管好人，使他人乃至天下百姓安乐，其逻辑起点是先管好自己，提高自身修养。这一点做起来非常难，以至于连尧、舜这样的圣人都很难完全做到。

所以，认识中国的管理智慧，首先得从自我管理开启。

每个人有与生俱来的某种强烈的需求，并希望能很好地把握自己的命运、掌控自己的未来，心理学家把这种心理状态称为"自主"。任何人只要能控制好自己的生活节奏，管理好自己，并处理好各方面的关系，就会更健康、更快乐，也可能更具有能力。自我管理为个人控制和把握自己，提高自己的能力，更好地融入其所工作或学习的组织提供了方法。一切管理都以自我管理为起点，自我管理为团队提高战斗力服务，自我管理为学习型组织的运转提供前提。自我管理有三个层面的含义：一是组织内个人的自我管理；二是组织内部团队的自我管理；三是组织层面的自我管理。

———

第一节　个人的自我管理

我们先从组织中的个人谈起，因为个人是组织中开展各项活动的基本单元。正如德国著名的哲学家莱布尼茨所言，"世界上没有两片完全相同的树叶"，当然也没有两个完全相同的人，哪怕是孪生兄弟也会有很多不同。一个组织中，成员来自四面八方，每个个体都是独特的，表现为年龄、性别、种族、背景、性格等方面的差异。在经济全球化、文化交流与融合的当下，组织中的个体更加多元化。中国的文化传统，并不否定个人发展，但更强调组织中的个人为组织的整体利益和全局考虑，当然也就强调组织中个人的自我管理。自古至今的中国圣贤都强调自我修养和自我管理。《周易》中载："天行健，君子以自强不息。"就是强调人从自我管理出发，不停地奋斗，把天作为榜样，像天上的日月星一样，日复一日，年复一年，永不停歇地按照宇宙固有的规律法则运行。我们反复诵读这句话，会感觉到深邃的启迪与强大的激励。这是一种积极的人生态度，是一种正确的价值观。态度（attitude）是评价对某个特定的人或事物喜爱或不喜爱的心理倾向。态度是通过学习获得的，并且是不太稳定的。人们小时候通常会模仿自己崇拜的、尊敬的人的态度，而长大后随着自己的经验和实践的增多，可能会改变原先的态度。[1]与态度相比，价值观存在于一个更深的层次里，而且价值观在本质上也更具普适性和基础性，作用也更强。每个人都受到价值观的引导和影响，并且也用价值观来评估他人。价值观是人们对事物的总的看法和评价尺度，它代表了一系列信念：从个人或社会角度来看，某种具体行为类型或存在状态比与之相反的行为类型或存在状态更可取。可以

---

[1] 苏勇、何智美编著《现代组织行为学（第三版）》，清华大学出版社2021年版，第31页。

说，自强不息概括了中华文化中自我管理、奋发图强的伟大精神，彰显了中华民族所具有的积极的人生态度与价值观。

历代志士仁人都践行着自强不息的自我管理精神，尤其在艰苦卓绝的环境中，这种自我管理成为一种个人成功成长的模式。东晋名将祖逖听到半夜鸡叫，闻声起床习武练剑，他的自强不息式的自我管理，使其最终成就一番事业。司马迁在《太史公自序》中有一段话，翻译成现代文为："周文王被拘禁羑里，推演了《周易》；孔子遭遇陈蔡的困厄，作有《春秋》；屈原被放逐，创作《离骚》；左丘明双目失明，才编撰了《国语》，孙子受了膑刑，著述兵法；吕不韦被贬徙蜀郡，世上才流传《吕览》；韩非被囚禁在秦国，才写有《说难》《孤愤》。"这些都是艰苦环境下自强不息的写照。

自强不息的自我管理精神，作为中华民族的美德，已成为中华文化的生命元素，应当成为当代中国人精神世界中的动力之源，支撑我们奋发向上、奋勇前进、永不停息。美国管理学家彼得·圣吉在其著作中提出了构建学习型组织的五项修炼，其中之一就是自我超越。圣吉描述了实现自我超越的方法，其中必不可少的就是精神世界的解放，从而发现真实的自我、自强不息的自我。只有不断学习并付诸行动，才能持续实现自我超越。凡立志成才者都期望实现自我超越，凡追求卓越的组织都期望员工实现自我超越。然而实现自我超越可从传统的中国管理思想中找到自强不息的动力之源。

基于自强不息精神，个人自我管理包含六个方面的内容：积极探索、勇于竞争、不怕风险、敬业尽职、审时度势、勤奋不欺。

一、积极探索

中国古代儒家强调"格物致知"。《礼记·大学》云"致知在格物，物格而后知至"，推究事物的原理法则可总结为理性知识，这种管理智慧用现代语言诠释就是积极探索。我国数学家华罗庚说过："'难'也是如此，面对悬崖峭壁，一百年也看不出一条缝来，但用斧凿，能进一寸进一寸，得进一尺进一尺，不断积累，飞跃必来，突破随之。"[1] 积极探索的精神要求自我管理的个人不能消极等待，而要不断努力，并抓住一切可能的时机为事业走向成功创造条件。

积极探索的对象非常广泛，可以是探索未知的领域，可以是探索未开发的空间，可以是探索学术的前沿，可以是探索思辨的哲理。荀子说："不知则问，不能则学，虽能必让，然后为德……故闻之而不见，虽博必谬。见之而不知，虽识必妄。知之而不行，虽敦必困。"阐述了自我管理中积极探索的必要性。荀子又说："不登高山，不知天之高也；不临深溪，不知地之厚也；不闻先王之遗言，不知学问之大也。"所以，学无止境，只有不断探索，才能在人生道路上攀登一个又一个高峰。然而，积极探索不等于拼命蛮干，不等于钻牛角尖，积极探索的自我管理是在现实的可能性与自我能力所允许的情况下进行的，是运用不断优化的方法来实现的。例如，在知识的海洋里探索，理学家朱熹在这方面给了我们建议，他说："读书有三到，谓心到，眼到，口到。心不在此，则眼不看仔细，心眼即不专一，却只漫浪诵读，决不能记，记亦不能久也。三到之中，心到最急。"朱熹强调了在探索过程中，专心致志、用心探索是核心。

北魏地理学家、《水经注》作者郦道元，从小对地理学就有着浓厚的兴趣，他梦想能够探索未知的世界。在积极探索、勇于进取、走遍山山水水的基础上，郦道元撰写了《水经注》四十卷，文笔隽永，描写生

---

[1] 1978年6月28日《光明日报》。

动，这是一部内容丰富多彩的地理著作，也是一部优美的山水散文汇集。郦道元也被视为中国游记文学的开创者，对后世游记散文的发展影响颇大。郦道元被认为是"中世纪世界上最伟大的地理学家"。

　　探索进取精神能够使个人充分激发自我潜能，通过对不确定事物的探索求得确定的规律或法则，从未知的世界获知事物的本来面目。积极探索使自我管理者避免了庸俗和愚笨，让生命充满了可能，让人生焕发了光彩，让青春充满了活力。积极探索赋予自我管理者以意义，使自我管理者的生命充满了乐趣。生气勃勃、进取心强的自我管理者必将有所作为。如果我们能把自觉地探索未知事物、积极进取作为自我管理的目标，那么就一定能做到富有激情并勇敢行事，就必定能在所从事的领域中有所作为。

二、勇于竞争

　　"仁、义、礼、智、信"是儒家的"五常"，孔子提出"仁、义、礼"，孟子发展为"仁、义、礼、智"，汉代董仲舒扩充为"仁、义、礼、智、信"，称"五常"。中国古代的主流思想体系中包蕴积极进取的精神，运用于当代，那就是追求卓越、顽强拼搏、直面竞争；这是现代社会发展对其社会成员的要求。社会中这样的人越多，社会发展得就越快，人们的生活水平提高得就越快；一个组织中这样的人越多，组织的凝聚力、应变能力、发展能力就越强，而且有利于形成组织的独特竞争力。富含竞争的环境是理想的成长环境，渴望成就者要敢于同对手竞争，要明知山有虎，偏向虎山行，不怕艰险，勇往直前。

　　弱者畏惧竞争，庸者逃避竞争，强者勇于竞争，智者善于竞争。唐代著名的一心大师刚出家的时候，在法门寺修行。法门寺是香火很旺、香客众多的名寺，一心大师想静下心神，潜心修身，但法门寺应酬太多。有人劝一心说:"法门寺是个名扬天下的名寺,水深龙多,聚集了天下的许多名僧,你若想在僧侣中出人头地,还不如到偏僻小寺中阅经读卷,这样,你的才能便会很快光芒四射。"一心思考了很久,觉得这话很对,决定辞别师父,离开法门寺,寻一个偏僻冷落的深山小寺。于是一心就打点了经卷、包裹,去向方丈辞行。方丈明白一心的想法后,问他:"烛火和太阳哪个更亮些?"一心说:"当然是太阳了。"方丈说:"你愿做烛火还是太阳!"一心不加考虑地回答道:"我当然愿做太阳!"方丈微微一笑说:"我们到寺后的林子去走走吧。"法门寺后是一片茂密的松林。方丈将一心带到不远处的一个山头上,这座山头上树木稀疏,只有一些灌木和零星的两三棵松树,方丈指着其中最高大的一棵说:"这棵树是这里最大最高的,可它能做什么呢?"一心围着树看了看,这棵松树乱枝纵横,树干又短又扭曲,便说:"它只能用来做煮饭的木柴而已。"方丈又信步带一心到那一片郁郁葱葱的林子中去,林子遮蔽天日,棵棵挺拔。方丈问道:"为什么这里的松树每一棵都这么修长、挺直呢?"一心说:"都是为了争着享受阳光吧。"方丈语重心长地说:"这些树其实就像芸芸众生啊,它们长在一起,就是一个群体,为了一缕阳光,为了一滴雨露,它们都奋力向上生长,于是它们棵棵可能成为栋梁。而那些远离群体零零星星的两三棵树,一团一团的阳光是它们的,许许多多的雨露是它们的,在灌木中它们鹤立鸡群。没有树和它们竞争,所以,它们都成薪柴啊。"一心听了,思索了一会儿,惭愧地说:"法门寺就是这一片莽莽苍苍的大林子,而山野小寺就是那棵远离树林的树了。方丈,我不会再离开法门寺了!"在法门寺这片森林里,一心苦心潜修,后来,终于成为一代名僧。

三、不怕风险

儒家"五常"中的"义"指公正、合理。《孟子·告子上》说："生,亦我所欲也;义,亦我所欲也,二者不可得兼,舍生而取义者也。"中国古人把公正、合理看得比生命更重要,"义"字在当代对于个人来讲,就是在真理面前、在正确的事业面前敢于勇往直前,不怕风险。"义"能促使一个人实现自我管理的超越,那就是不怕风险。当代社会不确定性日益增强,风险意识是21世纪重要的社会标签,是否敢于主动冒风险去获取成功,从某种意义上来说,是自我管理的一种人生态度。寻求自我管理的个人,会面对这样两条路:一条路平坦而漫长,前方没有风险也没有机会,并且走这条路的人很多;另一条路有艰难险阻,但充满着机会和挑战,并且走的人很少。选择前者或后者,最终的结果定会相当悬殊。

有这样一个故事,犹太人约瑟夫在1835年投资了一家做火灾险的小型保险公司。所谓投资就是当客户发生了火灾,就得按照投资的比例赔钱,假如不发生火灾,就是稳赚不赔。这种投资并不需要马上出钱,需要的是投资者的承诺。然而不久,纽约发生了一场大火灾。不少投资者慌了,觉得这种投资亏大了,愿意以低价转让自己的股份。这时候约瑟夫反其道而行之,把其他股东的股份统统买下。为此,他把自己经营的旅馆卖了。约瑟夫接手这家火险公司后,派代理人去纽约赔偿了客户,因此信誉大增。虽然此后约瑟夫把保险金额提高了一倍,但还是有很多新的客户投保。因此出现了这样的"怪事",他从纽约带回来的钱比他带去赔付的钱还要多。这次火灾让约瑟夫净赚了15万美元。这个故事告诉我们,不怕风险并不是盲目瞎干。冒险不是靠运气,而是靠智慧。自我管理要求风险意识必须与科学态度相结合,风险行动必须建立在科学分析、理性思考、周密筹备的基础上。自我管理要求在冒险之前，必须把握信息、分析条件、科学预测、统筹兼备。

中国著名企业家曹德旺，在 1991 年时响应政府号召，企业实施股份制，以 1.5 元的面值发行股票。但在股票发行一段时间之后，因为各种原因不能挂牌上市，很多人要求退股，这时候曹德旺一方面作为发行方没有退路，另一方面也深信这是一个机会，他对公司的前途有绝对信心，因此决定大胆一搏，出资将别人不要的股票都回购，而且将别人不要的法人股也收回来，等公司上市之后，每股涨到 40 多元，成为福耀集团发展的成功一跃。

四、敬业尽职

儒家"五常"中的"礼"指每一个人自己给自己的定位，并且要求每一个人依据定位去做好该做的事，既做到位，又不越位。正如《说文解字·示部》所说："礼，履也。所以事神致福也。"《论语》说："不学礼，无以立。"在当代的个人自我管理中，"礼"可以被解释为遵守礼节，遵守规矩，敬业尽职。达于礼的敬业尽职是个人自我管理的具体方式，也是中华民族的传统美德之一。敬业是一种对待所从事职业及相关事业的积极态度，它要求以恭恭敬敬、严肃认真、一丝不苟的态度对待工作，表现为工作认真负责，勤勤恳恳、专心仔细。

尧、舜时期，洪水泛滥成灾。尧命鲧治洪水，鲧用筑堤防的方法治水，没有起到效果，洪水依旧肆虐。舜又命鲧的儿子大禹治水，大禹总结了父亲治水的得失，改筑堤的方式为疏导法。用疏导法治水，导小水入于川，导川水至于海。不仅治理了洪水，还为农业生产发展创造了良好条件。大禹治水整整用了十三年时间，在这十三年中，他一直在治水的前沿指挥，多次经过家门都没有回家。

孔子把大禹治水的这种工作风格叫作执事敬，他在回答樊迟问仁时指出：居处恭，执事敬，与人忠。居处恭指日常端庄严肃；执事敬指做事严肃认真；与人忠指对待别人要诚心诚意。曾子每日反省自己，首先就是"为人谋而不忠乎？"意思是"别人托付的事情，是不是忠实且尽心尽力地办到了？"比如说，作为一个职员，领导交代办理的事情，是否尽心尽力做圆满了？身为教师，是否做到诲人不倦，品德优良且为人师表？身为母亲，是否尽职尽责地教养孩子？作为父亲，是否可堪为子女作表率？身为学生，是否认真努力做好功课？每个人都可以问自己，自己是否在本职岗位忠于职守了？市场经济中最重要的就是每个人对自己行为负责的责任感，如果没有这种责任感，任何职业都将失去它的社会价值。所以每个人都要做好自我管理，负起责任。如果能够效法曾子每日反省的功夫，每日检查自己"忠诚"的程度如何，未尝不是实现自我管理的好方法。

五、审时度势

儒家"五常"中的"智"是儒家理想人格的重要品质。在当代可以把"智"看作是自我管理中审时度势的智慧。自我管理者试图在激烈的竞争中脱颖而出，审时度势则是必须具备的能力。要在普遍存在且日趋激烈的社会竞争中取胜，存在一条永恒的秘诀，就是顺应客观形势，遵循历史的法则，将自己的行为建立在对客观形势正确分析与准确把握的基础上，这就是审时度势，顺势而为。因为个人的力量无论多么强大，与整个社会的力量相比都是渺小的、微不足道的。自我管理者要想获得成功，就必须认清形势，顺应自然，不可肆意妄为，逆势而上。这就是"好风凭借力，送我上青云"的功夫。

《孙子兵法》云："兵无常势，水无常形，能因敌变化而取胜者，谓之神。"审时度势，一个非常重要的点就是做任何事情，追求"天时、地利、人和"。战国时代，赵国有一位将军，名叫赵奢。有一次，秦军攻打赵国的边境地区，赵王十分着急，就问属下的将军："你们认为那个地方是否还有拯救的希望？"将军们回答说："那个地方不但路途非常遥远，而且非常危险，恐怕没有得救的希望。"但是，赵奢却不赞成他们的说法，他说："不错，那个地方不但遥远而且危险，可是秦兵也占不到'路近'和'安全'的便宜，所以如果双方在那里会战，就如同两只老鼠在洞里相争，必定是勇敢的一方获胜。"赵王听了，觉得很有道理，就派他带领军队马上出发。结果不仅把秦军打败了，也解除了该地的危机。在这里，赵王的正确决策依赖于赵奢将军对边境地区情况的正确分析，这种分析就是审时度势。

六、勤奋不欺

儒家"五常"中的"信"是诚实无欺。诚实无欺在自我管理中集中体现为不自欺欺人，像日月星辰一样实实在在，脚踏实地做好每一件事情。正如《周易》中所言："天行健，君子以自强不息"。在当代的个人自我管理中，集中表现为勤奋不欺，好学不倦。勤奋是自强不息的路径，如何实现自强不息的自我管理，要靠勤奋。司马迁从20岁起开始游学调研，足迹遍及长江流域、黄河流域，勘查地貌、访问民情，收集大量写作素材与人文地理资料，为《史记》的创作奠定了坚实基础。天道酬勤，一勤天下无难事，一个勤字铸造了自我管理通往成功之路。陈景润经过十年的准备才突破哥德巴赫猜想的一个难关，在这十年之中他夜以继日地学习，经常忘记睡觉、忘记吃饭。在谈及摘取数学王冠明珠的体会时，他说："攀登科学高峰，就像登山运动员攀登珠穆朗玛峰一样，要克服无数艰难险阻，懦夫和懒汉是不可能享受到胜利的喜悦和幸福的。"张衡（78—139）是我国东汉时期著名的科学家、文学家，他的出生地是现在的河南省南阳市的石桥镇。他的祖父张堪做过太守，为官清廉。父亲早逝，因此张衡家里很贫穷。张衡从小就勤奋好学，加上天资聪颖，很早就闻名乡里。据史书记载，他十岁时就"能通五经贯六艺"，过目成诵。他兴趣广泛，常常涉猎自然科学方面的读物，而且写得一手好辞赋。一天，张衡从一本诗集里读到四句诗，描述了北斗星在各个季节傍晚时的变化："斗柄指东，天下皆春；斗柄指南，天下皆夏；斗柄指西，天下皆秋；斗柄指北，天下皆冬。"他觉得这太有意思了。天上的繁星闪烁，有的像箕，有的像斗，有的像狗，又有的像熊，它们的运行各有怎样的规律呢？这简直是太美妙了。于是张衡根据诗的内容又参考别的书籍画成了天象图，每夜只要是没有云彩，他就默默地对着天象图仔细观察着夜空。广袤的星空有多少难解之谜呀，他观察着、记录着、思考着，他的脑袋里装满了各式各样的问题，充满了五颜六色的幻想。后来，他终于确认那四句诗里描述得不够准确，事实上斗柄早春指东北，暮春却指东南。在此基础上，他还通过不断钻研，发明了世界上最早的地动仪，用以监视和记录地震的相关参数和情况，还改进了浑天仪，更为精准地模拟出天象的演变情况。

业精于勤、荒于嬉，个人自我管理强调勤于思考、勤于学习、勤于探索、勤于考查、勤于总结、勤于实践、勤于革新。自我管理中的积极探索需要一种活跃的心态，要求追求真理，随时发现问题，找寻差异，富于逻辑分析，构建新的结构，设计新的内容。乐趣与兴奋并存，灵感与发现同在。当然积极探索并不是为了炫耀，是一种人生态度与自我实现的状态。富于探索的人把神秘与未知作为激情的源头活水与发展的永继动力。

第二节 团队的自我管理

团队由不同的个人组成，"一个好汉三个帮"，当代社会中，任何一项工作的完成，仅靠个人力量，靠某一项知识或技能很难完成，一定要依靠众人合力，运用多学科知识协调作战，才能取得较好效果。

现代社会中团队的作用极为重要。儒家思想不仅在个人自我管理中起指导作用，在团队的自我管理中也发挥积极作用。个人的自我管理旨在实现个人层面的自我超越，并把个人融入组织之中，实现目标一致。团队是指由两个或两个以上的成员组成的相互影响、相互协调、密切配合、共同探索、共同进步与成长，以期实现共同目标，并为目标的实现而相互承担责任的群体。我们可以把团队看作自我管理的强有力工具，团队以不同寻常的方式打破了传统组织中固有的界限，使管理变得更加灵活、员工变得更加满意、劳动生产率变得更高、工作质量也变得更好。团队的构成要素总结为5P，分别为目标（Purpose）、人（People）、定位（Place）、权限（Power）、计划（Plan）。

目标是团队成员的指路明灯，告知成员们向何处去；如果没有目标，团队就没有存在的意义和价值。自然界中有一种昆虫很喜欢吃三叶草（也叫鸡公叶），这种昆虫在吃食物的时候都是成群结队的，第二个趴在第一个的身上，第三个趴在第二个的身上，由第一只昆虫带队去寻找食物，这些昆虫连接起来就像一节一节的火车车厢。管理学家做了一个实验，把这些像火车车厢一样的昆虫连在一起，组成一个圆圈，然后在圆圈中放了它们喜欢吃的三叶草。结果它们爬得精疲力竭也吃不到这些草。这个例子说明如果团队失去目标，团队成员就不知道该向何处去，团队存在的意义和价值就消失了。团队的目标必须与组织目标一致，自我管理的团队目标可以细分成每一个成员的小目标，就是各个团队成员的具体目标。团队的成员必须都是能够实现个人自我管理的成员，即使一开始还不具备自我管理的能力，但是经过在团队内自我超越的锻炼，就会逐渐成为能够自我管理的个体。

人是构成团队最核心的力量。两个以上（包含两个）的人就可以构成团队。自我管理的个体们构筑了自我管理的团队，团队的目标是通过自我管理的团队成员具体实现的。在一个团队中各个成员分工与协作并存，有人出主意，有人定计划，有人实施，有人协调，成员们在一起工作，互相帮助、互相支持。

定位包括团队定位和个体定位。团队的定位指团队在发展过程中处于什么样的位置，具体具备何种功能，是自我管理型团队还是完成任务型团队或是多功能团队，由谁领导团队并选择和决定团队的成员，团队最终对谁负责，团队采取何种方式来激励其成员。而个体定位则是指作为成员能够在团队中扮演什么角色？具体从事什么样的工作？

权限是指团队当中领导者的权力大小，它与团队的发展阶段相关；一般来说，团队越成熟，领导者所拥有的权力就越小，在团队发展的初期阶段，领导者的权力往往较大。

计划是目标得以实现的一系列具体的行动方案，按计划进行可以保证团队工作的顺利开展。但是计划并不是一成不变的，计划中应包含变化的因素，是具有柔性与动态性的计划。

中国管理智慧为团队成长、团队的领导、团队的学习、团队的有效运转提供了具有中华文化特色的有效模式。在当代中国，我们既继承了中华优秀传统文化又整合了信息化、数字化的时代智慧，一味照搬西方的团队建设模式难以取得良好的效果，因此，具有中国文化特色的团队建设模式就非常重要了，这种模式可以吸纳中国管理智慧而构建成型，这种团队就是基于自强不息精神的自我管理团队。

一、以人为本是中国式自我管理团队的灵魂

自我管理团队是由两个或两个以上的个人组成的，而每个人都是团队的核心要素，承担着不同的职责，但是每个人又有自己不同的需求和不同的条件，为了把这些不同个体完美地融合在一起，就必须以人为本、自强自律、优化融合。中国人特别在意别人对自己的看法，也非常愿意评价别人，成员互动频繁，不提倡存在太多隔阂的行为模式，团队不喜欢把过分以自我为中心的人吸纳进来。中国人遇到事情喜欢商量着做，遇到争执，讲究以大局为重，"退一步海阔天空"，以维护安定团结为首要任务。在中国文化氛围下的自我管理团队不期望桀骜不驯的成员，期望更多的是谦谦君子，这样能更好地融入团队。所以，以人为本不仅表现为团队成员之间的互谅关系，也表现为对团队成员的选择。

团队成员之间的互谅关系以合理为原则；成员的选择以志同道合为原则，"道不同不相为谋"。每个人心中都有一杆秤，人们经常用自己的秤衡量身边的事物是否合理，合理就好，不合理就不好。合理不合理不取决于制度，而取决于基于中华文化底蕴的社会认知结构，这种社会认知结构是在长期的历史发展过程中形成的，也是不断变化和发展的，它表现为原则性与灵活性的统一，个人主义与集体主义的统一。一个社会的文化认知结构决定着这个社会主要成员的思维模式、行为模式。中华民族文化底蕴所涵养的社会文化认知结构，体现为既要求知晓和遵守礼义廉耻，又要能够持经达变，二者缺一不可，这就是所谓的合理。

春秋时代齐国的管仲把"礼义廉耻"称为国之"四维"。《管子·牧民》有这样的话："国有四维……一曰礼，二曰义，三曰廉，四曰耻。礼不逾节，义不自进，廉不蔽恶，耻不从枉。"这里的"礼"是礼节，就是不能越过应有的规矩，即思想行为不能超出道德规范，自我管理团

队的成员要执行礼仪、为人和气、礼貌待人，为人处世要有分寸感和责任感。"礼"不仅体现在表面上，内心更要恭敬，这是自我管理团队成员道德修养的体现。"义"是义气，自我管理的团队成员应有正义感，有见义勇为的精神，对朋友要有道义，助人为乐，不过多强调自己的利益，无贪图之心。"廉"是廉洁，即廉洁不贪，"不义而富且贵，于我如浮云"。无论见到什么，不起贪求之心，而养成无私的精神。"耻"是羞耻，即要有羞耻之心，凡是不合道理的事情，违背良心的事情，绝对不做，人若无耻，等于禽兽一样。中国有基于优秀传统文化之上的伦理道德标准，在中国人看来，违背礼义廉耻就是不道德的。

汉宣帝时，渤海各郡成年饥荒，盗贼蜂起。当地官吏不能制止。皇帝要挑选能治理的人。丞相、御史推举龚遂，皇上任命他为渤海郡太守，当时龚遂七十岁。宣帝召见时一看，龚遂身材矮小，和传说中的样子配不上，皇上没大看重他。问他平息盗贼有什么办法，龚遂回答说："渤海濒临辽远之地，沾不着皇上的恩惠，那里的百姓为饥寒所困，官吏又不体恤他们，所以使得陛下的子民偷盗您的武器，在池塘中戏弄。现在您想让我打败他们呢，还是安定他们呢？"皇上脸色立刻郑重起来说道："选贤良之人，本来就是要安定他们。"龚遂说："治理乱民如同治理乱绳一样，不能太着急了。我希望丞相、御史不要说选用什么贤良，而用条文法律束缚臣下，只希望允许我便宜从事。"皇上同意了，派人骑马传旨到渤海郡边界。郡中听说新任太守到了，发兵来迎，龚遂都将他们打发回去了。传文下令所属各县，全部撤去追捕盗贼的官吏，说手拿钩锄工具的人都是良民，官吏不得追问；拿兵器的才是盗贼。龚遂单车独马来到郡府。盗贼听到龚遂的政令，立刻解散，丢掉他们的武器而重新拿起钩锄。

龚遂能明了边民的心态，知道他们的合理诉求，故能用合理的方式安定渤海各郡，实质上是能够用持经达变、以人为本来收服人心，从而实现了化有事为无事、化大事为小事，治得一方太平安乐。基于中国文化底蕴的中国式自我管理团队需要有像龚遂这样持经达变的领导者，也需要有同样才干的干部。以人为本的中国式自我管理团队需要像龚遂一样以人性为基础，对不同的人采取不同的管理方法，整个团队不强调绝对的对与错、好与坏，而是讲究是否合适、是否合理，才是符合中国文化底蕴的自我管理团队的管理精髓，才是好的管理。

二、领导者是中国式自我管理团队的核心

张良、萧何与韩信，辅佐刘邦夺取天下，建立汉朝，功勋卓著。刘邦把自己同他们三人做了一番比较，得出了三个"不如"的结论。他说："运筹帷幄之中，决胜千里之外，我不如张良；镇国家，抚百姓，给饷馈，不绝粮道，我不如萧何；连百万之众，战必胜，攻必取，我不如韩信。"刘邦又说："三人皆人杰，我能用之，这是我之所以能取天下的原因。"刘邦、张良、萧何与韩信可以说是秦朝灭亡后乱世之中的创业团队，团队的核心是领导者刘邦，张良、萧何与韩信是刘邦手下的得力干将，也就是今天我们讲的卓越干部。在中华文化氛围中，一个团队能否具有战斗力、能否实现自我管理，关键看领导者，关键看领导者能否与其干部、其部下、其员工实现心灵感应。"同声相应，同气相求"，这样团队才能最大限度地发挥作用。

宋高宗时有个侍郎叫曹咏，他善于逢迎拍马，深得奸相秦桧的欢心，所以官运亨通，连升三级，当了朝中的大官。曹咏当了大官后，有很多人来巴结他，曹咏非常得意。唯一让他感到气恼的是，他的大舅子厉德新却从不向他献殷勤。原来，厉德新头脑清醒，他知道曹咏并非凭真才实学而是靠依顺秦桧才得以升官的，所以料定曹咏这种人没有

好下场，不肯同流合污。对此，曹咏耿耿于怀，一心想找个茬儿整整厉德新，无奈厉德新洁身自好，曹咏也无从下手。后来，秦桧死了，那些依附秦桧的家伙一个个倒台了，曹咏也被贬到了新州，厉德新得到消息后，非常高兴，就写了一篇《树倒猢狲散赋》寄给曹咏。文中将秦桧比作一棵大树，把曹咏等人比作树上的猴子，揭露了曹咏这种人依靠秦桧这棵大树作威作福、鱼肉百姓的丑恶行径。文中说如今大树一倒，猢狲四散，于国于家，真是可喜可贺，曹咏收到这篇文章后气得半天说不出一句话来。管理团队必须避免树倒猢狲散的惨剧发生，关键看领导者是怎样的人。领导者若德高望重，而且亲忠良，远奸佞，那自我管理团队的成员就人人都是追求卓越的自我管理者；领导者若像秦桧那样，团队成员自然都是阿谀奉承、溜须拍马之辈，自然就会树倒猢狲散。

作为自我管理团队卓越的领导者必须以身作则，尽力投入而不计回报，才能立于不败之地。《周易·无妄》讲："不耕获；不菑畲；则利有攸往。"意思是说不是为了获得而去耕种，不是为了获得肥沃的熟地而去开垦荒地，这样就有利于外出交往。《周易》这里给出了一种交往的准则，即人与人的交往和人在自然界的活动，不能过于有功利心。这个准则适用于自我管理团队的领导者。

田横（公元前250年—公元前202年）是秦末齐国旧王族，齐王田氏的后裔。生于狄邑（山东高青县高城镇），是我国古代著名义士。陈胜、吴广起义抗秦后，四方豪杰纷纷响应，田横一家也是抗秦的主力之一。汉高祖消灭群雄，统一天下后，田横不顾齐国的灭亡，同他的战友五百人仍困守在一个孤岛上（现名田横岛，在山东）。汉高祖听说田横很得人心，担心日后为患，便下诏令说：如果田横来投降，便可封王或侯；如果不来，便派兵去把岛上的人通通消灭掉。田横为了保存岛上五百人的生命，便带了两个部下，离开海岛，向汉高祖的京城进发。但到了离京城三十里的地方，田横便自刎而死，留下遗嘱让同行的两个部下拿他的头去见汉高祖，表示自己不受投降的屈辱，也保全了岛上五百人的生命。汉高祖用王礼葬他，并封那两个部下做都尉，但那两个部下在埋葬田横时，也自杀在田横的墓穴中。汉高祖派人去招降岛上的五百人，但他们听到田横自刎，便都蹈海而死。由此可见田横对部下的影响之大。一个卓越的领导者必须身先士卒，以身作则，这样的领导就会有卓越的干部、忠诚的部下。在管理中国自我管理型团队时，一味地施压或是一味地激励是不会有太大用处的；领导者必须获得团队成员内心深处的认同，并身先士卒，团队成员才会心甘情愿地去做该做的事。这也就是中国人常说的"士为知己者死，女为悦己者容"。

三、干部是中国式自我管理团队的支柱

张良、萧何与韩信是刘邦手下的得力干将，也就是今天我们讲的卓越干部，没有张良、萧何与韩信，刘邦平定天下、建立汉朝可能会较为波折。因为干部是中国式自我管理团队的支柱。干部的任用与选拔无疑是自我管理团队建设的关键所在。中国式自我管理团队选拔干部要坚持以德为先、量才为用的原则。

儒家强调"德性"为安身之道。《论语·为政》中有言："为政以德，譬如北辰，居其所而众星拱之。""德治"是儒家区别于其他各个学派管理思想最突出的标志。依靠领导者的以身作则，进而对下属和民众实行道德教化，正是儒家所强调的"为政以德"的管理手段。"为政以德"就是突出管理活动中的道德价值取向，重视领导者以身作则的引导作用，兼顾宽严并济的控制手段。儒家所提倡的"德治"，是要求管理者带头遵守社会道德规范，以身作则，从而吸引被领导者上行下

效、同心同德去实现管理的目标。因此，在选拔干部时必须坚持以德为先的原则。如果一个人有好的德行，能力又好，稍加培养就可以胜任所从事的工作；如果一个人有好的品德，能力平常，可以胜任一般性的工作；相反，如果一个能力很强的人，道德败坏，一旦担任重要的岗位，就会造成巨大的损失。正所谓"德不配位，必有灾殃"。以德为先是中华文化的历史传承，在各个时代都是"忠臣良将人人敬，逆子贼臣留骂名。"古人说："天下者，非一人之天下，唯有德者居之。"就是说，不管你有多大才干，多大的丰功伟绩，只要你的品德出了问题，啥都一笔勾销了。

儒家认为只有贤人以上的人才能充当国家的领导者或管理者。在这些人的素质中，最重要的是"德"，其次是"才"。真正的管理者应该是德才兼备，以德为先。以德为先并适才而用是选拔干部的标准和正确路径；必须提拔德才兼备的人到合适的岗位才能铸造具有战斗力的团队。正如著名的管理大师彼得·德鲁克所说："管理者的任务是发挥个体的作用，大幅提高整体的绩效能力。无论这些个体的长处是什么，身体怎么样，抱负有多大。"[1]东晋时期有一个人名叫谢安，他出身于名门世家，从小受家庭的影响，在德行、学问、风度等方面都有良好的修养。当时的宰相王导也很器重谢安，青少年时代的谢安就已在上层社会中享有较高的声誉。然而谢安并不想凭借出身、名望去获取高官厚禄。东晋朝廷先是征召他入司徒府，接着又任命他为佐著作郎，都被谢安以有病为借口推辞了。后来，拒绝应召的谢安干脆隐居到会稽的东山，与王羲之、许询、支道林等名士名僧频繁交游，出则游弋山水，入则吟咏诗文，就是不愿当官。当时担任扬州刺史的庾冰仰慕谢安的名声，几次三

---

[1] 彼得·德鲁克《卓有成效的管理者》，机械工业出版社2022年版，第121页。

番地命郡县官吏催逼，谢安不得已，勉强赴召。仅隔一个多月，他又辞职回到了会稽。后来，朝廷的征西大将军、明帝司马绍的女婿桓温，请谢安做司马，他不得已才答应。这时他已经四十多岁了。在谢安将要出任的那天，朝廷官员都出来欢迎。这时有个叫高菘的官员，开玩笑地对他说："你过去高卧东山，屡次违背朝廷旨意，不肯出来做官，想不到今天到底出来了！"太元八年（公元383年），苻坚率领着号称百万的大军南下，志在吞灭东晋，统一天下。在这场前秦国与东晋的著名的淝水之战中，谢安指挥得当，以少胜多，击败了十倍于己的苻坚的百万大军。东晋的统治者能够选用德才兼备的谢安出任官职，才使得其统治更为稳固。

第三节　学习型组织的自我管理

1965年美国哈佛大学佛睿思特教授在《企业的新设计》（A New Corporate Design）一文中提出"学习型组织"这一概念。他运用系统动力学的相关原理描述了学习型组织，具体包括：组织结构扁平化，信息化，开放性，组织中的员工与管理者之间的关系逐渐从控制——服从转向亲密的伙伴关系，组织持续不断地学习，不断提高生存能力、创造能力与发展能力。佛睿思特的学生彼得·圣吉在20世纪80年代初，开始对数千家企业进行了细致的研究，在吸收东西方管理文化精髓的基础上，把系统动力学的理论和方法运用于研究企业组织，提出了五项修炼的学习型组织模型，并于1990年出版了《第五项修炼——学习型组织的艺术与实务》，1992年彼得·圣吉荣获世界企业学会最高荣誉——开拓者奖，美国《商业周刊》把圣吉推崇为当代最杰出的管理大师之一。

但是，管理是一门艺术，照搬彼得·圣吉学习型组织理论并在中国推广，我们发现很有难度，关键是推广者没有把这套理论很好地同中华文化结合起来。如果能够很好地整合自强不息的中华文化，把自我管理的理念融入学习型组织中，学习型组织就能够在中国生根、发芽、开花、结果。

什么是学习型组织呢？所谓学习型组织，是指通过一系列方法和手段，并通过组织结构的塑造，培养弥漫于整个组织的学习机制和氛围，充分发挥员工的创造性思维能力并落实到个人和团队，以及组织行为改变，在这一前提下建立起来的一种高度协调和柔性的、扁平化的、符合人性的、具有高度环境适应性、高企业社会责任、实现可持续发展的组织。这种组织具有持续学习与创新发展的能力，学习型组织是由自我管理的团队与个人融合而成的，但不等于简单的团队与个人的相加，学习型组织获得的综合绩效大于团队与个人绩效简单相加的总和。

一、从阿游拉的水谈起

学习型组织的建立与成长完善是一个渐进过程，我们从阿游拉的水的故事谈起，这个故事通过对比让我们思考，一个学习型组织的形成需要什么？

著名的管理学家彼得·圣吉在《第五项修炼·实践篇》讲述了下面这个故事。

在非洲西部国家多哥的农村，对村民们来说最大的问题是获取饮用水。在长长的干旱季节获取饮用水，是个大问题。妇女们不得不在早上3点就起床，步行12英里（1英里≈1.61千米）路去阿牟河取水。她们的水盆装满水后重达80磅，这使她们几乎没有时间做其他的任何事情。即使如此，这些水饮用起来也并不安全。麦地那龙线虫在这条河水中产卵，在村民们饮用这些水后，麦地那龙线虫又在村民的身体内孵化，并且向体外钻出。人们有时会因此而痛苦不堪。为了使不发达国家的村民们便利地得到干净的水，这些国家的政府和国际救援组织花费了 700 亿美元来钻井和安装抽水设备。没多久，损坏和废弃的抽水机成为点缀着多哥的陆上风景，几乎没有实现改善用水的目的。每个抽水机花费了一万多美元，但是在一些地区，80% 的抽水机无法再用于抽水。有人期望村民们能够维护他们的抽水机。某个小镇位于多哥的主要大道上，镇上有一家保健中心、一所高中、几家小店，甚至有火车站。但是这里的抽水机还是不到两年就损坏了。"我们想修理这些损坏的抽水机，"一位女性村民说，"但我们不知道怎么修理。我们也不知道谁能为我们修理。"村民们想方设法募集了 300 美元来修理抽水机，但是募得的钱不翼而飞了。没有人知道募捐款的去向，也没有人对此负责。而另一个名叫阿游拉的村子，抽水机的维修与使用却很成功，因为从一开始，阿游拉的抽水机就成为村民们生活的一部分。农村推广人员帮助村民们组成了一个抽水机委员会，并指定了一位监督人员，在村子里找了一位技工进行培训。村民说："在抽水机来到这个村子以前，村子里的每个人都经常遭受麦地那龙线虫的侵害，非常痛苦，很多人久病不起。但自从有了抽水机，麦地那龙线虫病就消失了。现在我们如此自由！再也没有饮水问题了。我们感觉如此健康！"为了使这类村子的村民承诺投入，推广人员不得不改变自己的心态："过去我只是把我知道的奉献给村民，但现在我来到一个村子，和村民们一起寻找问题的解决方案。过去，妇女在管理村子上没有明确界定的角色，因为那是男人的事情。现在，在这些村子里妇女也有决策权。"为了得到维修抽水机的资金，村民们决定在公共田地上一起工作。这种获取资金的方式长久以来一直是村民们为举行葬礼或庆典而筹集资金的方式。现在，它已经成为持续进行的活动。他们用这个收入在镇上开立了银行账户。村民们组织起来建立了几处公共厕所，开办了一所新的学校，并且有了第二台抽水机。他们的村子并不富裕，但却是个有坚定决心的村子。"在过去，每个人都为自己而活，没有人互相拜访，没有人有时间管别人的事情。现在我们为了抽水机的事举行会议，我们组织起来了。"

对上面的故事进行总结，得出如下结论：①小镇没有建立起一个有效的学习型组织来管理自己的抽水机，并不是村民们没有这种愿望，而是没有好的领导者出现；②阿游拉村子能在一开始就建立起有效的学习管理机制，是因为有外在的农村推广员，这个农村推广员有效地帮助村民建立起一套有效的机制，构成自我管理的有效的学习型组织；③组织一旦建成，各种有效的机制就必须具备，并能保持组织的正常运转。④良性运转的学习型组织具有可持续发展的能力，具有自我管理的能力。这个故事具有世界通用的特性，在中华文化氛围内，建立一个有效的学习型组织，并实现自我管理，需要整合中华优秀传统文化的精华，采取适合于中国的方法。

二、中国式学习型组织建立之初

儒家的价值观可以概括为"义利合一"。这里的"义"，相当于精神价值（道德价值），"利"则相当于物质价值，义与利的关系即是精神价值与物质价值的关系。在中国式学习型组织建立的过程中，儒家"义利合一"的价值观发挥了关键作用。汉高祖刘邦从沛县的一个小亭长向汉朝开国皇帝转变的历程中，委实有过许多惊人的事迹。亭长相当于现在的乡长，这官职位不大，事情不少，乱七八糟的杂务都派在他头上，必须尽力实行。刘邦本人也很苦恼。有一次上面又派下任务，押送一批民工赶赴骊山，为秦始皇修建宫殿。这时百姓本来就难熬地过日子，被苛捐杂税和残暴的刑律压得透不过气来，如今更是怨声载道。骊宫极尽奢华，征发民工无数，给天下人造成了很大的损害。刘邦押送的这批民工就是其中一批。

谁愿意白白受如此苦难？还没到一半路途，民工开始纷纷逃跑。任务是绝对完不成了。刘邦思忖自己这差事吃力不讨好，这些被迫服役的百姓肯定人人有逃走的打算，自己身单力薄无法制止，这样下去，赶到骊山一个人都没有了，耽误了工程可是杀头大罪。与其勉为其难押着他们赶路，最后落个杀头的结局，还不如现在当机立断打发了他们，自己逃条小命，同时也做个顺水人情。这天晚上，刘邦召集全体民工，说请大家喝酒。大家很惊奇，不知这小子葫芦里卖的什么药。刘邦举杯说："诸位！我知道你们谁都不愿意去服苦役，这是人之常情，我看，不如大伙儿现在都逃走吧。你们走你们的，我自己也得逃，这个亭长的小官咱是不当了。"民工一听，这话太合脾气了，顿时就欢声大作。紧接着，各做各的打算：一部分四散逃去；另一部分围住刘邦，表示铁了心跟随他，当他的部下打天下去。就这样，刘邦带着这支起义队伍上了芒砀山，这就是支持刘邦登上皇帝宝座的最初一支队伍。

从这个故事中可以得出以下结论：①在中华文化氛围内，一个有战斗力的学习型组织必须是符合绝大多数组织成员利益的；②在中华文化氛围内，组织的建立必须有一个强大的领导者成为组织的核心；③组织的成员目标要一致，正如刘邦在建立自己的第一支起义军时，得到的都是愿意铁了心跟自己走的人。在中华文化氛围内，建立学习型组织，第一要务就是要有一个卓越的领导者，这个领导者必须是以德服人、有凝聚力、读懂下属的心、会摆平利益分配、有坚定的远大理想的人。儒家企图解决"义"与"利"二者之间的矛盾，把精神价值与物质价值融合统一起来，刘邦的所作所为恰恰是实践了"义"与"利"的统一。

1927年9月初，南昌起义失败后，起义军在三河坝兵分两路，主力由周恩来、贺龙、叶挺、刘伯承等率领，直奔潮汕；朱德则率领部分兵力留守当地，阻敌抄袭主力后路。这就是有名的"三河坝分兵"。在三河坝完成阻击任务后的起义军损兵过半，四面都是敌人，思想上和组织上也相当混乱。而此时，部队还经常受到地方武装和土匪的袭击，不得不在山谷小道上穿行，在林中宿营。时近冬天，官兵们仍然穿着单衣，有的甚至穿着短裤，打着赤脚，连草鞋都没有；无处筹措粮食，官兵们常常饿肚子；缺乏医疗设备和药品，伤员得不到治疗；枪支弹药也得不到补充，战斗力越来越弱……各级干部纷纷离队，一些高级领导干部有的先辞后别，有的不辞而别。正是在这样的情况下，在江西省安远的天心圩军人大会上，朱德首先站出来讲："大革命失败了，我们的起义军也失败了。但我们还是要革命的，同志们要革命的跟我走，不革命的可以回家，不勉强。"朱德当时专门举了一个例子，他说：我们今天革命就像俄国1905年的革命一样，俄国人1905年革命失败了，1917年他们就成功了，我们今天就是俄国的1905年，我们也有我们的1917年，现在是我们最关键的时刻。朱德还讲，中国革命现在失败了，但黑暗是暂时的，我们只要保存实力，革命就有办法。朱德的话像火焰一样点燃和鼓舞了剩下来的干部、战士的信心，坚定了他们的信仰。后来陈毅讲，朱德讲了两条纲领：第一，共产主义必然胜利；第二，革命必须自愿。这两条纲领成为后来革命军队政治工作的基础。这800余人就在朱德激情和信心的鼓舞之下最后稳住了，由丧魂落魄者眼中的残兵败将变成了一堆可以燎原的"火种"。[1]

---

[1] 根据《江西日报》2021年8月杨泽娟的《南昌起义体现了敢为人先的精神品质》整理而来。

组织行为学家罗宾斯概括出学习型组织的五个特性：①有一个人人赞同的共同构想；②在解决问题和从事工作时，摒弃旧的思维方式和常规程序；③作为相互关系系统的一部分，成员们对所有的组织过程、活动、功能和与环境的相互作用进行思考；④人们之间坦率地相互沟通；⑤人们摒弃个人利益和部门利益，为实现组织的共同构想一起工作。

三、中国式学习型组织成长与完善

彼得·圣吉的五项修炼分别是：自我超越、团队学习、改善心智模式、建立共同愿景、系统思考。自我超越在中国式个人自我管理中已经论述过了，团队学习的理念在自我管理的团队中已经说清楚了。我们在下面的文字中探讨基于中国文化底蕴，囊括中国管理智慧的学习型组织的成长与完善，包括建立共同愿景、改善心智模式、系统思考三个环节。

（一）建立共同愿景——打造生命共同体

所谓共同愿景，是指组织中所有成员共同发自内心的意愿。在21世纪信息化、数字化时代的今天，许多领导人希望组织能够建立真正的共同愿景，于是大家目标一致，全心奉献。不幸的是，人们发现这个想法真的很难实现，因为塑造"愿景"不仅仅是高层领导的事，也不是高层领导的一厢情愿。实际上建立共同愿景更大的挑战在于：如何创造出一种共同的目标感，使人们同心协力，实现最深切的热望，即所谓共生、共享、共赢。人们内心深处的热望不会在偶然中迸发，它需要时间、关怀和策略的配合。因此，建立共同愿景的修炼，就始终围绕着一个永不停止的流程：组织中的人们围绕着自己的愿景、目标和价值观，说出他们的想法，说明他们的工作为什么重要，以及它和更广阔的世界的关系。彼得·圣吉认为，共同愿景是建立在个人愿景的基础之上的，愿景一般分为三个层次：一为组织大愿景，二为团队中愿景，三为个人小愿景。作为学习型组织必须鼓励其组织成员建立和发展自己的个人愿景，不能压制和排斥。而组织领导者要对成员的个人愿景有深入了解，并且要注重将成员的个人愿景和团队愿景、组织愿景相匹配，相融合。建立共同愿景的领导艺术是从建立个人愿景出发，然后确立共同愿景。孔子说："义以生利，利以平民。"这里的"义"，主要是对管理者的道德要求，"利"主要指管理活动所创造的物质价值。"义以生利"，就是把管理活动看作是精神价值创造物质价值而又制约物质价值的过程。在从个人愿景到企业愿景的塑造过程中，"义"是组织存在的精神价值，"利"是组织能够延续的物质保证；如果要想使组织长期延续并构造共同的愿景，二者缺一不可。正像中国优秀企业家，杭州万向集团董事局原主席鲁冠球先生所言，对员工要"两袋投入"，一是脑袋，注重思想教育，精神引导，价值观培育；二是口袋，切实不断地提升员工的收入和福利，使他们的生活水平不断提高。这样的组织才能无往不胜。

《水浒传》中描写了梁山好汉成长壮大的过程。梁山成为好汉大本营始于王伦，他建立山寨，到宋江被招安焚毁山寨，前后共经历了10多年的发展，历经王伦、晁盖、宋江三任寨主。三任寨主由于自身能力不同、动机不同，他们对梁山的发展有着不同的追求。王伦只是为了混口饭吃，没有远大的理想目标，因此难以打造出众多英雄认同的愿景；王伦对于混口饭吃就满足的人来讲其能力是足够了，但是对林冲这样有能力、有抱负的人来说就难以胜任领导职责，因此在晁盖上山后就杀掉了王伦。晁盖为躲避朝廷的捕拿，逃上梁山；他在梁山是为了建立一个属于自己的世界，追求"大碗喝酒大块吃肉"的生活，弟兄们快快乐乐而已，没有什么远大的抱负，因此，晁盖当权时的梁山不会有特别大的发展，因为有远大理想的好汉不会来入伙。宋江上梁山是带着政治抱负的，他是把梁山作为自己实现政治抱负而讨的筹码，实现自己被招安的目的；于是宋江拉起了"替天行道"的大旗，把晁盖时期的聚义厅改名为忠义堂；反复沟通教育梁山的好汉，实现价值观的统一；在此之后很多像卢俊义那样具有忠义特性的好汉纷纷入伙，梁山的规模也就越来越大了。

共同愿景对于一个卓越的组织是必不可少的，《水浒传》的例子说明没有愿景是不行的，表现为王伦时期；愿景不够远大，团结力度、吸引力度就不够，表现为晁盖时期；足够好的愿景是组织壮大发展的前提，表现为宋江时期。每个组织都有它自己的使命，即组织的深层目标，或存在的深层原因，这就是对"义"的不同解读。而组织的成员可能永远不能完全明白这个目标，就好像一个人不完全清楚自己的人生目标一样。建立共同愿景的核心工作，就是设计出一套办法和机制并不断强化，使组织的成员可以由衷地说出自己最关心、最想做的事情，同时领导者都能听到他们的声音并与之有效交流沟通，在此基础上设计出成员都认同的愿景，并以此形成团队愿景、个人愿景。

（二）改善心智模式——用新视角看世界

所谓心智模式是指一个人由于过去的经历、习惯、知识素养、价值观等形成的对事物基本固定的思维、认识方式和行为习惯。彼得·圣吉认为，要改善心智模式，其一是把镜子转向自己，发掘内心世界的图像，使这些图像浮上表面，并严格审视；其二是有效表达自己的想法，确定自己的每一项表达其他人是否准确地了解；其三是以开放的心灵容纳别人的想法。有一个小故事：父子二人经过五星级饭店门口，看到一辆十分豪华的进口轿车。儿子不屑地对他的父亲说："坐这种车的人，肚子里一定没有学问！"父亲则轻描淡写地回答："说这种话的人，口袋里一定没有钱。"

　　唐代著名的德山宣鉴禅师精通《金刚经》，对于南宗的顿悟之说，德山宣鉴心不服口也不服。一天他带着《金刚经·青龙疏钞》到南宗那儿去理论，到了龙潭，他那漠视"南方魔子"的心情油然而生。他走进龙潭的法堂便高声喊道："久闻龙潭大名，一旦来到此地，怎么潭也不见，龙也不见。"端坐在法堂禅座上的龙潭崇信禅师只是欠了一下身子，冷冷地说了一句："不过你已经亲自到了龙潭。"德山宣鉴一下子被这句简单的回答定住在那里。既然自己已经到了龙潭，身在龙潭境地，还熟视无睹，找个什么呢？德山宣鉴无话可说，于是便住下来，开始参习。有一天晚上，德山宣鉴向龙潭崇信禅师请教，站在禅师座前久久不去，龙潭崇信禅师说道："夜已很深，你为何还不下去？"德山宣鉴只好道声晚安告辞回去，走到了门口又回来说道："外面实在太黑了，弟子初来乍到，不知方向。"龙潭崇信禅师就点燃了一根蜡烛给他，正当德山宣鉴伸手来接之时，龙潭崇信禅师却把蜡烛一下子吹灭了。外在的光亮熄灭了，德山宣鉴突然感到心里一亮，赶快跪下来，向龙潭崇信禅师顶礼膜拜。龙潭崇信禅师问道："你看到了什么？"德山宣鉴回答说："从今以后，我对天下所有禅师的语言，都不会再有所怀疑了。"第二天，龙潭宣鉴禅师升座，对众僧说："你们中间有个汉子，牙如剑树，口似血盆，一棒打不回头。日后他将到孤峰顶上去替我立道行法。"德山宣鉴自知得到了师父的心印，对于南宗从嫉恨到心服。于是把带来的《金刚经·青龙疏钞》堆在法堂前，举着火炬高声念道："穷诸玄辩，若一毫置于太虚。竭世枢机，似一滴投于巨壑。"

　　德山宣鉴这段话的意思是：把所有的玄理都弄通了，也只不过像一根毫发放置在太虚世界那样渺小。把所有的微妙都穷尽了，也只是像一滴水汇入浩瀚的大川那样微不足道。龙潭崇信禅师要想说服心高气傲的德山宣鉴，恐怕三天三夜也不一定有结果。所以，他就利用了一种简单的方式、方法：以燃灯、吹灯的刹那交替，使德山宣鉴在明暗的变换中得以自省。龙潭崇信禅师那种化繁为简的方式、方法，与大道至简精神和"无为而治，道法自然"的思想是相通的，对于管理也有同样的启发意义。中国文化讲究顿悟，顿悟中体现大智慧，在顿悟中改变自己的心智。顿悟不是争辩，是基于平日积累和修炼之后自己内心世界的超越与心智模式的改变。在中国文化范围内，要想实现学习型组织心智模式的改变，在运用彼得·圣吉方法的同时，加入顿悟的成分，效果会更好。

（三）系统思考——见木又见林

彼得·圣吉认为，系统思考是"看见整体"的一项修炼，我们平时总是说某个人因为种种局限，所以看问题往往"见木不见林"。而系统思考则是通过学习型组织的构建和运行，使人看清隐藏在复杂表面现象后面的实质问题和内在结构，并且能够敏锐地发掘出属于整体的诸多因素之间的联系，见木又见林。系统思考的精髓在于转换思考方式，掌握并能够运用系统性、全局性观点，将系统观点运用于实践。

中国古代先贤的智慧积累为当今浩如烟海的典籍，其中很多典籍充满了系统论的思想，为诸多历史人物精读使用。《易经》是中华民族历史上的群经之首。纪晓岚在《四库全书总目提要》中对两千年易学发展的历史做了一个精辟而扼要的总结。他说："《易》之为书，推天道以明人事者也。"意思是说，《周易》的内容是推演天地自然之道来说明人的活动规律，也就是说以自然规律来说明社会规律，从而指导人们的行为。纪晓岚又说"《易》道广大，无所不包，旁及天文、地理、乐律、兵法、韵学、算术，以逮方外之炉火，皆可援《易》以为说"。意思是说，《周易》的用途非常广泛，无所不包。作为中国人，细读《周易》等优秀传统文化典籍，并认真吸收当代优秀文化成果，同时用彼得·圣吉的系统思考理论来分析万事万物，就能够更好地建设学习型组织，使组织获得可持续发展。

系统思考要求人们在考虑问题时，要把问题放在它所处的大环境和整个系统中来思考，它是一种心灵的转变。《易经》的自然哲理与人类社会的存在相契合，通过《周易》思考宇宙人生能够起到开发灵感的功效，有助于把自己看作与世界连结的一部分；从而将问题原本看作是由"外部"某些人或事引起，是某个单个的事件，转变为系统地、本质地、全局性地思考问题，并谋求解决方案。

第二章

中国管理智慧的领导模式——律己后施于人

　　明朝洪武年间，适逢全国灾荒，百姓衣不蔽体，食不果腹，而一些达官贵人却仍然花天酒地。朱元璋决定自上而下整治挥霍浪费的吃喝风，只是一时难以找到合适的时机，他冥思苦想，终于想出一个好办法。

　　皇后生日那天，满朝文武官员都来祝贺，宫廷里摆了十多桌酒席。朱元璋吩咐宫女们上菜。首先端上来的是一碗萝卜，朱元璋说道："萝卜、萝卜，胜过药补。民间有句俗话说'萝卜进了城，药铺关了门'。愿众爱卿吃了这碗菜后，百姓都说'官府进了城，坏事出了门'。来、来、来，大家快吃。"朱元璋带头先吃，其他官员不得不吃。宫女们端上来的第二道菜是韭菜。朱元璋说："小韭菜青又青，长治久安得民心。" 说完朱元璋又带头夹韭菜吃。其余官员也跟着夹韭菜吃。接着，宫女们又端上两碗别的青菜，朱元璋指着说："两碗青菜一样香，两袖清风好臣相。吃朝廷的俸禄，要为百姓办事。应该像这两碗青菜一样清清白白。"吃法与上次一样，皇帝先吃，众官仿效，风卷残云。吃完后，宫女们又端上一碗葱花豆腐汤。朱元璋又说："小葱豆腐青又白，公正廉明如日月，寅是寅来卯是卯，吾朝江山保得牢。"朱元璋动筷后，众官也就抢着吃了。吃完后，众官员以为下面可能就是山珍海味了，殊不知等了好久，宫女们就是不端菜来。朱元璋见大家情绪有点紧张，于是当众宣布："今后请客，最多只能'四菜一汤'，皇后的寿筵就是榜样，谁若违反，定严惩不贷。"接着宣布散宴。

　　传说，自那次宴会后，文武百官宴会无一敢违例，廉俭之风倒也盛行一时。当然，纠正大吃大喝的奢靡之风，不是靠位高者的一顿饭一番话就能立竿见影，而是要靠制度、规矩、纪律。俗话说，"上行下效""上梁不正下梁歪"。不论推行什么政策,制定什么规矩,领导者都一定要做好表率,从自身做起,严以律己,做到律己后施于人。千万不能空喊口号,或只要求下属做而自己不做的"只许州官放火、不许百姓点灯"。中国管理智慧的领导模式,强调领导的表率,强调先做好自己再要求别人,"己所不欲,勿施于人"。

——

第一节 领导与权力

一、领导的内涵

人们常说"一头绵羊带领一群老虎,敌不过一只老虎带领的一群绵羊",意思是领导者对于所带领组织所从事的事业能否成功是至关重要的。兵怂怂一个,将怂怂一窝。在中国管理中把从事领导工作的人叫作领导者,还有一个词是管理者,那么,领导者和管理者有什么区别呢?领导的主要任务是决策,是"做对的事情",而管理的主要任务是执行,是"把事情做对"。

领导不是某种职务地位,也不是某些人具有的特殊权力,而是一种从事管理工作的具体职能环节。领导就是领导者通过决策、沟通、指导、奖惩等方式对下属施加影响的过程,从而使其下属积极主动地为实现组织目标而努力奋斗。中国管理智慧中蕴含着丰富的领导法则,直至今日也广为使用。

以上对领导的定义包括三个要素。

第一,领导者与被领导者是不平等的,领导者有某种权力,借助于权力可以影响被领导者。在中国古代，领导者与被领导者的不平等关系被一"礼"字概括。汉武帝时代的大儒董仲舒说："礼者'序尊卑、贵贱、大小之位，而差外内远近新故之级者也。'"意思是说礼是为尊卑、贵贱、大小排序，给"外内远近"定级别，以区分对待强、弱、大、小的。

第二，领导作为一种管理职能，是一种艺术创造的过程。领导者面对的管理环境往往在书本上是找不到先例的，领导者如何驾驭这种复杂的管理过程，需要的就是艺术创造，创造出一种有效而不刻板的方法。公元前 636 年，晋文公重耳回国掌握政权，为争霸中原采取了一系列文治武功的重大措施。他一方面训练军队，积聚粮草，调兵遣将，准备对外作战；另一方面采取措施，让人民安居乐业。他发现人民对以"义""信""礼"为核心的周朝典章、道德遵循还很不够，于是，趁当时"天子"周襄王被狄族赶走，避难在郑国的机会，于公元前 635 年出兵打败狄族，迎接周襄王回朝，以这种"勤王"的行动，来争取各国的支持和教育晋国人民，这就是提倡"义"。以后又采取一系列措施使民众重纲纪、讲礼义、守信用，维护和发扬周公提倡的"敬德"精神。并于公元前 633 年在被庐召集军队，举行盛大的检阅典礼，来教育人民知"礼节"，守纪律。后来，他看到晋国人民对他的政权已经信任，人民也讲信义，遵守秩序与法令，认为文治已成熟，政权已巩固，就在公元前 632 年对楚国出兵，大战于城濮，取得全胜，晋国因而称霸天下。"文治武功"这个词就源于晋文公的故事，他领导好晋国，其治国的艺术创造发挥了重要的作用。

第三，领导者通过影响部下来实现组织目标，这个过程就是领导过程。领导者通过各种方式影响部下，通过他人去完成任务，这个过程本身也具有艺术创造性。例如，三国时，蜀帝刘备一得到马超，就很看重他，让他做了平西将军，封他为都亭侯。马超见刘备对他待遇优厚，就有点忘乎所以，常常一口一个"玄德"（刘备的字）。后来孙权派吕蒙讨伐荆州，刘备带张飞、马超沿水路到了公安和关羽汇合。关羽见马超对刘备不甚恭敬十分气愤，几次请求刘备杀掉马超，刘备不允。张飞就给关羽献计，对这样的人，要做个样子让他明白应如何遵守礼仪。有一天，刘备召集部将开会，关羽、张飞都持刀直立两旁，马超进来一看，不见关羽、张飞入座，却见二人直立在刘备身旁伺候，大吃一惊。此后侍奉刘备分外恭敬。

作为管理职能的一种，领导具有下述特征。

（1）领导是一种持续的活动过程。在任何组织中，领导这种职能都不会间断，正如"国不可一日无君"，是说一个国家时刻不能离开统一、正确、有效的领导。对于各种组织都是一样，时刻都离不开领导。

（2）领导的主要职责是制定战略、明确目标、进行决策和组织实施，并率领、引导、组织、指挥、协调、控制其下属的行为，以保证战略目标的实现。正如古语所说："不谋万世者，不足谋一时；不谋全局者，不足谋一域。"领导者要有战略眼光、长远的目标，能考虑全局，并能策划好局部的问题。三国时期，刘备三顾茅庐，向诸葛亮谋求救国方略。诸葛亮身卧隆中，胸怀大志，刻苦研读古籍兵书，观察社会，分析全国形势，他向刘备摆出了恢复汉室、统一华夏的大政方略《隆中对》。诸葛亮从长远及全局的战略眼光出发，为刘备提出统一天下的谋略是：第一，曹操、孙权都很强大，不可与之硬拼，可以消灭较弱的刘表、刘璋势力，占据战略要地荆州、益州，作为根据地；第二，内修政治，改善和戎、夷等少数民族的关系，稳定内部团结，积聚力量；第三，联合孙权，孤立曹操，与曹操、孙权形成鼎足之势；第四，待时机成熟，两路出兵，一路由荆州向宛、洛进攻，主力由益州向秦川，进而夺取中原，最后实现统一。诸葛亮《隆中对》的大政方略，是在通晓历史，研究政治的兴衰，深刻分析全国政治、军事等方面的形势基础上形成的。诸葛亮能从全面出发，视野开阔，见解独到，为刘备提出逐渐进取、统一天下的步骤。

（3）领导的本质是妥善处理好各种人际关系，形成以主要领导者为核心的领导团队。领导者的重要角色之一便是"人际性角色"，善于协调和处理各种人际关系。在中国历史上，卓越的领导者都能够处理好复杂的人际关系，受到部下的爱戴。刘秀起义不久，率军来到河北，这时他的势力很弱，而河北正处于群雄并立、相互争夺的态势。其中占据邯郸的王郎兵力强盛，声势远超过刘秀。他悬赏捉拿刘秀，在与刘军的正面交锋中，多次打败刘军。但刘秀有勇有谋，经过艰苦不懈的努力，最后终于反败为胜，消灭了王郎。攻占邯郸后，刘军从王郎府邸中搜出大批档案，其中包括几千封信件，其中有刘秀的部下当初暗地里与王郎来往的私信。士兵将这些信件送到刘秀处请他定夺。刘秀却一眼也不看，下令当场焚毁，说："不要让这些信使我们内部发生隔阂。我宽待他们，谁的心都是肉长的，怀过二心的人就会一心一意地跟随我了。"

这样的事情在东汉末又重演了一次。这次的主角是曹操。曹操与袁绍在河北交战，一次战役后，曹兵缴获袁绍大批文件，其中发现不少是曹操的部下与袁绍暗通款曲的信件。这下把柄在握，有人请求曹操说："我们应该乘此追出内奸，否则事情会很不利。"曹操却下令把这些重要的信件全部烧掉。他对众人说："我这样做，是有道理的。当时袁绍兵多将广，声势浩大，而我军势力微弱，地盘不稳，的确不能给人必胜的信心。这种敌强我弱、胜负未分的时候，连我本人都搞不清自己能否得以保全性命，何况各位将领呢？这是难免的。人有求生的本能，有些胆小的人给自己寻条后路，暗中跟袁绍通声气，算不得什么大

41

事，不必追究了。"信件全数被烧掉，很多人对曹操佩服得五体投地。

（4）领导的工作绩效不是由领导者个人做出来的，而是由被领导者的群体和组织全体成员努力得来的。老子说过："以正理国，以奇用兵，以无事取天下。"意思是：以正道治国，以奇正用兵，以无为取天下，这是成大事者必须明白的最高法则。荀子的说法是："人主者，以官人为能者也；匹夫者，以自能为能者也。"意思是：做帝王的，善于管理别人才算是有才能；普通人，以自己能干为有才能。魏晋时期的思想家、文学家傅玄说："士大夫分职而听，诸侯之君分土而守，三公总方而议，则天子拱己而正矣。"意思是：能让士大夫忠于职守，服从命令；让诸侯国的君主分到土地并守住它；让朝廷三公总揽天下大事并参政、议政，那么天子就可以优哉游哉地坐在那里统治天下了。这个秘诀是怎么为人们所知道的呢？看看尧、舜怎样坐天下就明白了。在尧的时代，舜作司徒，契作司马，禹作司空，后稷管农业，夔管礼乐，垂管工匠，伯夷管祭祖，皋陶判案，益专门负责驯练用于作战的野兽。这些具体的事情尧一件也不做，悠悠然地只做他的帝王，而这九个人怎么会心甘情愿做臣子呢？这是因为尧懂得这九个人各自有什么才能，然后量才使用，发挥个人所长，让他们个个都成就了一番事业。尧凭借他们成就的功业而统治了天下。

任何领导活动，都是借助他人来实现的，领导工作的绩效是通过被领导者活动的绩效而表现出来的。在组织的各种要素和资源中，人是最重要最活跃的要素和资源，人的要素直接或间接地影响组织的效果，因此，调动人的积极性，发挥人的创造力，处理好人与人之间的关系，成为管理的核心问题，也是领导工作所要完成的任务。领导的实质是影响力，是领导者通过自己的行为影响一个组织尽其所能地实现目标。

二、领导权力的构成

西方社会心理学家约翰·弗伦奇（John French）和伯特伦·雷文（Bertram Raven）在他们 1959 年发表的一篇论文中，提出权力包括五种类别：强制权、奖赏权、法定权、专家权和感召权（见图 2-1）。

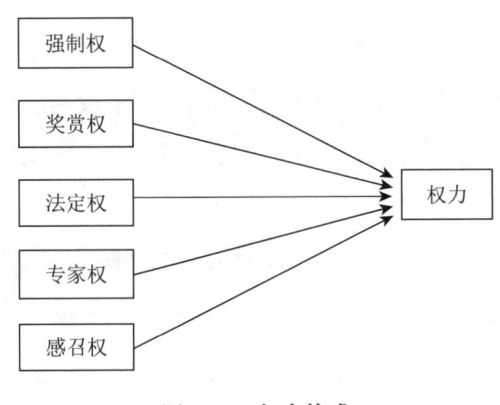

图 2-1　权力构成

（1）强制权，也称为惩罚权。指给予扣发工资或奖金、降职、批评乃至开除等惩罚性措施的权力。这些权力与领导者所担负的工作和职务相关。例如，质量监督员有权按照公司的规定处罚生产不合格产品的员工；交通警察有权对违反交通法规的人员开罚单、扣留驾驶执照等。

在中国历史上，强制权的运用非常多。掌握了无上权力的封建帝王时常做出一些惊世骇俗的事情来。例如商朝末年，商纣王精神失常，他不仅在宫廷中大兴奢靡之风，搞起了酒池肉林，而且为了震慑反叛，镇压大臣，他还极为残酷地经常把人剁成肉酱，这就把强制权运用到了极点。对于此类事件，老子指出："民不畏死，奈何以死惧之。若使民常畏死，而为奇者，吾得执而杀之，孰敢？"意思是说："老百姓不怕死，为什么要用死来吓唬他们呢？假如让百姓真怕死，那么把作乱的人，抓起来杀掉，谁还敢捣乱呢？"看来老百姓敢于造反就不怕死了，可见即便是用到极点的强制权也并不能让所有人敬畏。商纣王滥用强制权，滥杀无辜的结局是国破家亡，这种结局告诉我们强制权必须用得恰当，赏罚有度，过犹不及，用得过分了就起不到作用了。

（2）奖赏权。指提供奖金、提薪、升职、赞扬、理想的工作安排等令人愉悦东西的权力。被领导者感觉到领导者有能力使他们的需要得到满足，因而愿意追随和服从他们。使用的奖赏手段越多、奖赏内容越重要，影响力就越大。例如，在大城市房子很重要，也非常昂贵，以房子作为奖赏就成了吸引人才、留住人才的重要方法。另外，一些创业企业初创时期给不了员工尤其是主要骨干很高的薪酬，但是为了稳定人心，留住人才，会给予员工股权和期权作为一种奖励手段，激励员工为公司发展做出贡献。

中国优秀企业宁波方太集团有一条特别的制度：凡是在公司工作满2年的员工，都可以按照不同职级享有公司净利润一定比例的分红，共享公司发展成果。用方太集团董事长茅忠群的话来说，我们不能只在嘴上讲员工是企业的主人，在有实实在在利益的时候也要这么做。只有这样，才能对员工起到真正的激励作用。

对于企业来说，如何利用奖赏权激励员工，主要考虑以下问题：①向员工支付什么（通过建立薪资结构来确定）；②如何支付（通过浮动工资方案和技能工资方案来确定）；③提供什么福利项目和选择（例如灵活的福利项目）；④如何制定员工认可的方案。

（3）法定权。指组织内各领导职位所固有的、合法的正式权力。它是组织等级指挥链固有的，直接体现为利用职权向下属人员发布命令、下达指示。例如，连长向士兵下达命令去进攻敌人阵地。法定权还间接体现为有关人员借助于组织内的政策、程序和规则等实施一定职权，例如，质检人员要求工人将不合格产品返工。

平时大家常说的权力，就是法定权，也就是组织安排你担任某种职务，就相应拥有某种权力。其实法定权虽然看着很有力量，但真正要下属或相关人员口服心服并不容易。中国有个成语"阳奉阴违"，指的就是别人表面上承认你、服从你，私下有什么想法、是否认真执行就不一定了。所以，虽然法定权在组织管理中发挥作用，但作为领导，要真正让下属做到心往一处想，劲往一处使，就不仅要依靠法定权力，更要依靠人格魅力、模范作用等。

（4）专家权。指由领导者个人的特殊技能或某些专业知识而产生的权力。作为一个领导，本身可能受过较好的教育，具备较强的该领域知识，而且从基层开始做起来，其技术能力和专业技巧会逐渐提升。随着职务的提升，其观念化能力的范围也慢慢会扩大，所谓见多识广，经过各种历练，领导能力也会逐渐提升。作为一个现代化的企业领导，不仅要懂专业技术，还要懂一点政治学、社会学、心理学，甚至要懂经济学、财税法规、艺术、美学。所谓职业经理人或专业经理人，就是要具备现代化的多元观点。如果一个人具备这样的专家权，具备这样的专业技能，下属就会自然而然地服从，他自然就会水到渠成地呈现出经理人的权威。所以，高级管理者每天要抽一点时间来充实这种专业技能。所谓"艺压当行人"就是凭借专家权、拥有专家权就能让同行和下属佩服。

（5）感召权，也称为典范权。感召权的基础是追随者认同领导者拥有令人羡慕的资源或者人格魅力，则被追随者对追随者就拥有了感召权。感召权是与个人的品质、魅力、经历、背景等相关的权力，也被称为个人影响力。一个人如果有个人魅力，他的感召权就大。精神领袖的感召权最大。英国的戴安娜王妃在没有去世以前，只要她换顶帽子，世界上不少女人就跟着换帽子，这是一种个人魅力。美国著名歌手迈克尔·杰克逊拿起吉他一唱一跳，世界上不少观众为之疯狂，这也是个人魅力。个人魅力包括三个内容：自信精神和负责态度、道德与操守、牺牲与奉献。道德与操守的代表人物是周恩来总理。周恩来总理去世以后联合国为他降半旗，这在联合国是非常少有的。有的国家代表说，他们的元首逝世了，联合国也没降半旗，怎么中国的周恩来逝世了联合国就降半旗？联合国是这样答复的：各位代表，中国是一个 10 亿人口的大国，他们的周先生，掌管这么大的一个资源，听说在世界各地没有他个人一毛钱存款，周恩来没有子女，整个中国的孩子就都是他的子女，你们哪个国家的领袖、元首、总理如果像他一样，联合国也降半旗[1]。

第二节　关于领导的理论

一、领导特质理论

早期的管理学研究十分重视对领导应具有的素质和个性的研究，认为领导者的素质是与生俱来的，他们总是具备一些与众不同的特点，如充满智慧、具有领袖的魅力、超群的记忆、过人的精力、明确的人生目标、坚韧不拔的勇气和毅力、正直和自信等。这一特质理论（Trait Theory）研究的出发点是：领导效率的高低主要取决于领导者的特质，成功的领导者一定有某些共同点。只要找出成功领导者应具备的特点，再考察某个组织中的领导者是否具备这些特点，就能断定他是不是一个优秀的领导者。早在 20 世纪 30 年代，心理学家就进行了大量的研

[1] 根据《浙江日报》2020年1月8日的《周恩来：一面高扬的不朽旗帜》整理而来。

究，希望发现领导者与非领导者在个性、社会、生理或智力因素方面的差异。早期研究领导的代表人物吉赛利（Ghiselli）提出了有效的领导者应具有的 8 种个性品质：语言才能、首创精神、督导能力、较高的自我评价、与员工关系密切、决断能力、兼备男性或女性优势、高度成熟等。另一个代表人物斯托格蒂尔（Stogdill）则进一步扩大了特质的范围，如表 2-1 所示，总结了最受欢迎的领导的一些个人特性。

表 2-1　领导者的一些个人特性

个　性	生理特性	社会背景
·机敏 ·创意、创造性 ·人格尊严、道德行为 ·自信	·行为 ·精力	·灵活性
智慧和能力	与工作相关的特性	社会特性
·判断、决定 ·知识 ·语言感染力	·以成就为驱动，有成功的欲望 ·有责任感 ·追求目标的责任感 ·以任务为导向	·支持合作的能力 ·合作性 ·名声、威望 ·社会能力、人际交流技巧 ·社会参与能力 ·机智、外交能力

来源：Bernard M Bass. Stogdill's Handbook of Leadership，Rev. ed[M]. New York: The Free Press，1981：75-76；转引自理查德 L. 达夫特（Richard L. Daft），雷蒙德 A. 诺伊（Raymond A. Noe）. 组织行为学 [M]. 北京：机械工业出版社，2004：279。

领导学学者沃伦·本尼斯（Warren Bennis）和约翰·奥尼尔（John O'Neil）在其调查中发现人们将自信、想象力和个人成功的不断努力列为成功领导者首要的 3 个特性。我国近年也开始进行对企业家特征的研究，认为在诸多的企业家特质中，社会适应性是起重要作用的特质，即所谓"审时度势"。在我国，一大批成功的企业家，不是因为其具有高学历或高技术，而是因为其具有较好的社会适应性，包括较好的社会洞察力、善于处理人际关系、对专业知识和管理知识有较好的理解能力、在顺境和逆境中都能有较高抱负的意志力和确立奋斗目标时表现出的较好的变通性。

中国古代的管理者非常重视领导的特质，选拔人才时领导者要经过品目、量才、知人、察相等过程。

品目就是看人品，以备选用，在中国管理智慧中，用人之前要把人先分类。孔子将人分为五个等级：庸人，士人，君子，贤人，圣人。那些被称作庸人的，内心深处没有任何严肃慎重的信念，做事马马虎虎，有头无尾，为人处世从不善始善终，满口胡言，不三不四。所结交的朋友三教九流，唯独没有品学兼优的高人。不是扎扎实实地安身立命，老老实实地做事做人。见小利，忘大义，自己都不知道自己在乎什么。迷恋于声色犬马，随波逐流，总是把持不住自己。那些被称作士人的，有信念，有原则。虽不能精通天道和人道的根本，但向来都有自己的观点和主张；虽不能把各种善行做得十全十美，但定有值得称道之处。因此，他不要求智慧有很多，但只要掌握一点，就务必要彻底明了，弄懂弄通；言语理论不求很多，但只要是他所主张的，就务必中肯简要；他所完成的事业不一定很多，但每做一件事都明白为什么。他的思想非常明确，言语扼要得当，做事有根有据，犹如人的性命和形体一样和谐统一，那就是一个人格和思想非常完整、独立的知识分子，外在力量是很难改变他的。君子的特征是说话一定诚实守信，心中对人不存忌恨。秉性仁义但从不向人炫耀，通情达理，明智豁达，但说话从不武断。行为一贯，守道不渝，自强不息。在别人看来，显得平平常常，并无特别出众之处，然而真要赶上他，却很难做到。这才是真正的君子。贤人的主要特征是品德合于法度，行为合于规范，其言论足以被天下人奉为道德准则而不伤及自身，其品行足以教化百姓而不损伤事物的根本。乐善好施，普济天下，从而使民众没有什么疾病和贫困。这就是贤人。所谓圣人，必须达到自身的品德与天地的自然法则融为一体，对宇宙万物的起源和终结已经彻底参透，与天下的一切生灵、世间万象融洽无间，自然相处，把大道拓展成自己的性情。

量才就是衡量人的才华、能力，判断其是否能胜任所要从事的工作。人与人不一样，人的才能大小是不同的，就像用升无法盛下斗中的东西一样，盛不下就会溢出来，溢出来就全浪费了。用了不该用的人，就会有危险。魏晋时期著名文学家、思想家傅玄认为，品评人才可分九类：一是有德之才，这类人可用来作为政权的根基；二是治理之才，可以让他们来推究事物变化的规律；三是政务之才，可以让他们从事政治体制的运作；四是学问之才，可以让他们搞学术研究；五是用兵之才，可以用以统帅军队；六是理农之才，可以让他们指导农民耕作；七是工匠之才，用以制作器具；八是经商之才，可以用他们来振兴国家经济；九是辩才，可以发挥他们讽谏和议政的长处。

知人就是获知被领导者情况的能力，这是对领导者来说必须具备的能力，是领导者应具有的特质。领导者的原则是，一定要了解被领导者的内心世界，然而，俗话说："知人知面不知心。"要真正了解一个人非常不容易。汉光武帝刘秀是很善于听其言知其人的皇帝，但却被庞萌迷惑；曹操是明察将士的高手，还是被张邈骗了。这是什么原因呢？事物虽本质不同但有的时候表面现象相似，是很容易迷惑人的。所以目空一切的人看样子很聪明其实并不聪明；心胸狭窄的人看上去像个正人君子其实不是君子；鲁莽的人好像很勇敢其实不是。历史上的亡国之君大多给人一种颇有智慧的印象，亡国之臣往往表现出忠心耿耿的样子。混杂在禾苗里的稗草在幼苗时期与禾苗几乎没有区别；黑牛长上黄色的花纹很像是老虎；色泽像玉的石头很容易与玉混淆。这都是似是而非的事物以假乱真的情况。

知人难，但不是不能知。如何彻底了解一个人有许多非常实用的方法。如果你想知道一个人的语言表达能力，可以向他隐晦含糊地突然提出某些问题；连连追问，直到对方无言以对，可以观察一个人的应变能力；与人背地里策划某些秘密，可以发现一个人是否诚实；直来直去地提问，往往能看出一个人的品德如何；让人外出办理有关钱财的事，就能考验出是否廉洁；要想知道一个人有没有勇气，可以把事情的艰难告诉他，看他有何反映。

察相是根据人的体貌特质来判断人可用与否的理论。其是否具有科学性还有待商榷。我国的哲学思想在以天人合一的大原则下，将四时、五行与体相对应。认为，人的五官、五脏与四时、五行及先天禀性有对应关系。如果人体各部分相互照应，彼此对称、协调，就会给人带来福分。

二、领导行为理论

领导行为理论认为：作为一个领导者是否成功，最重要的是领导者采用什么领导方式，形成怎样的领导风格，领导者具体怎么做。美国管理学者布莱克（R.R.Blake）和莫顿（J.S.Mouton）在1964年出版的《管理方格》一书中提出管理方格理论。领导者关心人员与关心生产的程度可以由低到高变化。把关心人员与关心生产（任务）统一起来，可以看到其中五种典型的形态（见图2-2）。

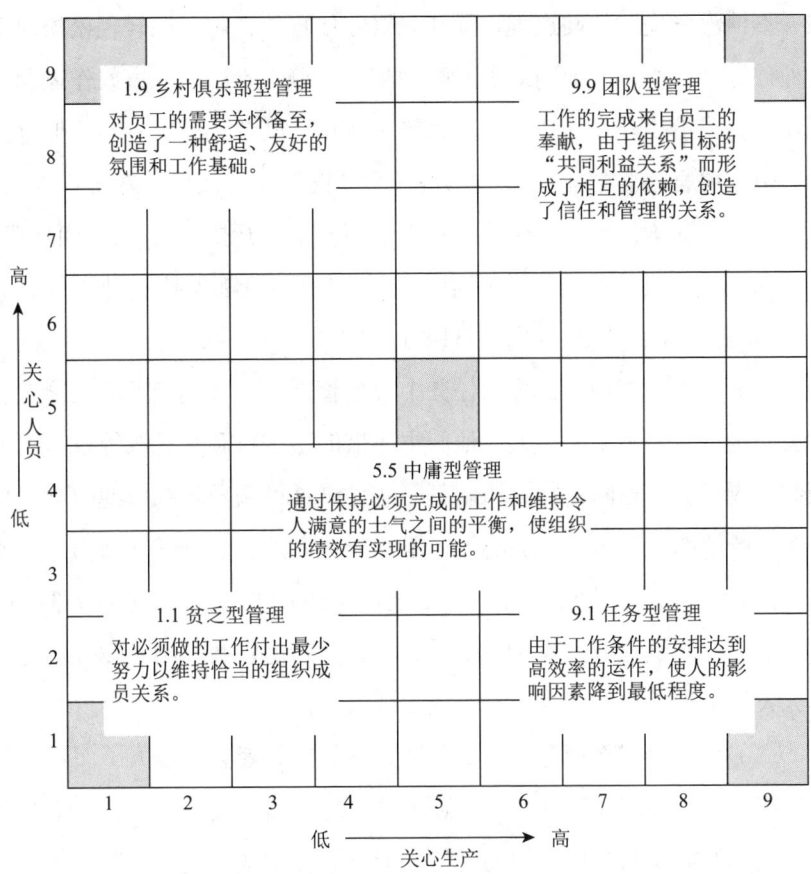

来源：苏勇、何智美编著《现代组织行为学（第3版）》，清华大学出版社，2021年版。

图 2-2 管理方格

（1）贫乏型管理。这种类型下的领导者既不关心组织的成长，又不关心组织成员的感受与福利等，缺乏主见，逃避责任，与世无争，最低限度地完成组织的任务。现实中的庸官，其特征大致有三：其一，唯上是从，百依百顺。贫乏型管理是现实中庸官们所推崇的领导模式，庸官的处世哲学是以维持现状当"太平官"为宗旨的。其深知"留得青山在，不怕没柴烧"的硬道理，深知只要守住官位，就可以轻轻松松地享受种种好处，所以，他们对上时时刻刻保持着唯唯诺诺的家奴作风。你说往西，我不往东；你让种瓜，我绝不点豆。其二，不求有功，但求无过。由于庸官连骨髓里储存的都是一个"混"字，故此，在工作方面，从来不想费脑子，不愿担风险；不去创新，不去开拓。其三，八面玲珑，明哲保身。大凡庸官，一般都会很注意同上下级都保持一种"良好关系"。对上，自不必说；对下，只要过得去。

（2）任务型管理。又称为任务中心型管理。这种类型下的领导者非常关心生产，但不太关心人。他们主要借助法定权和奖惩权等权力组织人们完成任务，独断专行，压制不同意见。这种领导者在短期内可能会提高生产效率，但由于不关心人，不注意提高职工的士气，因而生产效率不能持久，甚至出现混乱。历史上典型的任务型管理领导者是秦始皇，他下令修筑的万里长城、驰道、灵渠、阿房宫及秦始皇陵等均为规模庞大的工程，在工程进行时造成不少人死伤。

（3）乡村俱乐部型管理。这种类型下的领导者只关心人，而不大关心生产。他们高度关注友好的人际关系，尽量多结友少树敌，以多方面满足人们的需要来换取人们的支持和拥戴。在中国历史上，蜀汉后主刘禅可谓是采取乡村俱乐部型管理的君主，他利用自己的聪明才智治理国家，让老百姓和大臣们过得都很好，后来为了避免战乱造成生灵涂炭，开城门投降魏国。

（4）中庸型管理。这种领导者推崇"折衷"，而不用恰当的方法解决问题。也就是在处理生产与人的需要这一对矛盾上，不是去寻求对生产和人都有利的优化策略，而是寻找两者可以妥协的地方，如将生产目标降到人们乐于接受的程度，尽量寻找两全其美的目标点。

在生活和工作中，有时候折衷是大智慧，平衡是高超的艺术。很久以前，山林中有位高僧隐居修行，其因德行高洁而名扬四方，人们不远千里踏寻山路而来，盼能从他处学得安身立命的智慧。有一次，当人们到达深山的时候，发现高僧正从山谷里挑水。人们注意到，他挑的两只木桶里的水都没有装满。按他们的想象，高僧应该能够挑起很大的桶，桶里的水应该装得满满的。可是高僧为什么不把桶装满呢？他们不解地问了出来。高僧说："挑水之道并不在于挑的水多，而在于挑得够用。一味贪多，会适得其反。"众人越发不解了。于是，高僧让他们中的一个人，重新从山谷里打了满满的两桶水。那人挑得非常吃力，摇摇晃晃，没走几步，就跌倒在地，水全都洒了，那人的膝盖也摔破了。看到这种情景，高僧说："水洒了，不是还得再打一桶吗？膝盖破了，走路艰难，岂不是比刚才挑的水还少了？"众人问道："那么请问高僧，一桶该装多少水，怎么估计呢？"高僧笑道："你们看这个桶。"众人看去，桶里画了一条线。高僧说："这条线是底线，水绝对不能高于这条线，高于这条线就意味着超过了自己的能力和需要。起初还需要画一条线，挑的次数多了以后，就不用看那条线了，凭感觉就知道是多是少。有这条线，就可以提醒我们，凡事要尽力而为，也要量力而行。"

（5）团队型管理。这种类型下的领导者既十分关心生产，又十分关心人的因素。他们总是努力寻找解决问题的优化方法，使关心生产与关心人协调一致，统筹解决。他们的目标是使组织不断得到改善，组织中的人不断发展。这种领导行为是比较有效的，因为关心生产与关心人两个方面会相互影响，相互促进。团队型领导者寻求的是团队上下同心，共图发展。这是当前组织管理中最为推崇的领导方法。

《西游记》中的唐僧是一个目标坚定、品德高尚的人，他受唐王之命，去西天求取真经，以普度众生，广结善缘。要说降妖伏魔的本领，他连最差的白龙马都赶不上，但为什么他能够担任西天取经的团队领导？关键在于唐僧有三大领导素质。一是目标明确，善定愿景。作为一个团队领导者，能够为团队设定前进目标、描绘未来美好生活是必要素质。领导者如果不会制定目标，肯定是个糟糕的领导。唐僧从一开始，就为这个团队设定了西天取经的目标，而且历经磨难，从不动摇。一个企业，也应选择这样的人做领导者，团队的领导者本身就是企业文化的传承者和传播者，只有他自己坚定不移地信奉公司的文化，以身作则，才能更好地实现团队的目标。二是手握紧箍咒，以权制人。如果唐僧没有紧箍咒，估计早被孙悟空一棒打死，或者使唤不动他。这也是一个领导的必备技能，一定要树立自己的权威，没有权威，也就无法成为领导者。但是唐僧从来不滥用自己的权力，只有在大是大非的时候，才动用自己的惩罚权，这对企业领导者也是有借鉴意义的。组织赋予的惩罚权千万不要滥用，奖励胜于惩罚，这是领导艺术的基本原理。三是以情感人，以德化人。最初，孙悟空并不尊重唐僧，老觉得这个师父肉眼凡胎、不识好歹，但是在历经艰险后，唐僧的执着、善良和对自己的关心也感化了孙悟空，让他死心塌地保护唐僧。作为一个团队的领导者，情感管理也是非常重要的，尤其是在中国文化的大背景下。中国人往往是做生意先交朋友，先认可人，再认可事，对事情的判断主观性比较大。所以在塑造团队精神的时候，领导者一定要学会进行情感投资，要多与下属交流、沟通，关心团队成员的衣食住行，塑造一种家庭氛围。

　　总的来说，作为企业领导者，要用人为能，攻心为上。目光如炬，明察秋毫，洞若观火，高瞻远瞩，有眼光就不会犯方向性的错误。孙悟空可称得上是领导者最喜欢的职业经理人，之所以说领导者最喜欢，不是因为孙悟空没缺点，很优秀，而是因为他能力很强，但有缺点。这才是领导者最应该用的人才，为什么？假设一个人能力很强，人缘很好，理想又很远大，这样的人往往不甘于人下，或者直逼领导者位子，或者很容易另起炉灶。孙悟空有个性、有想法、执行力很强，也很敬业、重感情，懂得知恩图报，是个非常优秀的人才。但这样的人才如何才能留住他，如何提升他的忠诚度，这要靠领导艺术，靠企业的文化。在《西游记》中，孙悟空被唐僧赶走过两次，第一次是刚刚认识不久，孙悟空打死了几个强盗，遭到唐僧斥责，结果孙悟空一生气，自己走了，但后来在东海龙王那里，看了一幅画，说的是张良三次为黄石老人桥下拾鞋，谦恭有礼，后被黄石老人授予天书，成就了张良传世伟业的故事。老龙王说："你若不保唐僧，不尽勤劳，不受教诲，到底是个妖仙，休想得成正果。"孙悟空一盘算，觉得有道理，自己被唐僧搭救，而且还可以变妖为仙，自己怎么能这么轻率地就走了呢？后来他回到了唐僧身边。第二次被赶走是三打白骨精后，唐僧决意不能留他，悟空无奈，只好离去，但"止不住腮边泪坠，停云住步，良久方去"，此时他已经心系唐僧，一听说师父有难，马上不计前嫌，重新回到团队中去，还要在东海里沐浴一下，生怕师父嫌他。唐僧用什么方法让孙悟空这么死心塌地？首先得有规矩，得有紧箍咒。规矩是权威，唐僧如果没有了权威，估计孙悟空早就不把他放在眼里了。同样的，企业的制度也要有权威，制度的执行一定要严格，不管刚开始推行的时候有多少阻力，但只要坚决执行下去，逐渐就会形成一种氛围与文化，让大家自觉地去遵守。任何缺乏制度约束的领导行为都是无力的，但制度的力量是有限的，制度只能让员工不犯错，若要让员工有凝聚力，与企业同心同德，还要靠情感管理。唐僧就是靠他的情感管理，用他的执着和人品感化了孙悟空。没有修成正果的目标和愿景，孙悟空也许中途就回去了；没有师徒的情分，估计孙悟空也不会这么卖命；当然，如果没有偶尔的紧箍咒，也许悟空早就酿成了大错。八戒虽然总是开小差，吃得多，做得少，时时不忘香食美女，但是在大是大非上，立场还是比较坚定的，对妖精从不退让妥协，打起妖怪来也不心慈手软；生活上能够随遇而安，工资待遇要求少，不管什么东西，有的吃就行，而且容易满足，最后被佛祖封了个净坛使者，是个受用贡品的闲职，但他非常高兴，说还是佛祖向着他。更为重要的是，他成为西天枯燥旅途的开心果，孙悟空不开心了，就拿他耍要，有些脏累差的活，都交给他，他虽有怨言，但也能完成。如果没有猪八戒，这个旅途还真无聊。此外，猪八戒的另外一个优点就是对唐僧非常尊敬，孙悟空有不对的地方，他都直言不讳，从某种程度上也为唐僧作为领导的协调和管理工作起到了辅助作用。从不好的方面看，他经常搬弄是非，背后打小报告。另外，在忠诚度方面也差，尤其是刚加入取经团队的时候，动不动就要散伙走人，回高老庄当女婿，一点佛心都没有，而且影响了团队的团结和睦。之所以说猪八戒是个智者，是站在当今社会的角度去看的。现代社会员工的压力都很大，如何做一个快乐的人，就要用到猪八戒的人生哲学了。如果唐僧这个团队只有他和悟空、八戒三个人，那还是有问题，唐僧只知发号施令，无人推行也不行；悟空只知降妖伏魔、不做小事；八戒只知打打下手、粗心大意；那担子谁挑、马谁喂、后勤谁管？可见一个团队，各种人才都要有。沙和尚是个很好的管家，任劳任怨，心细如丝。他经常站在悟空的一面说服唐僧，但当悟空有了不敬的言语，他又马上跳出来斥责悟空，护卫师父，可谓是忠心耿耿，企业对于这样的人，一定要给予恰当的位置，如行政人员、人事人员、质量管理人员、客户服务人员等。沙和尚忠心耿耿，他是唐僧最信任的人，是领导者的心腹，但属于那种有忠诚度但能力欠缺的人才，老板喜欢用，但如果重用、大用，就会出问题。

第三节 中国管理智慧的领导模式

一、中国管理智慧中领导者的人格魅力

身先士卒，德高为范，是领导者最可贵的品格。领导者如果仅仅依靠法定权威来领导属下，那么属下只会畏惧领导者而不会与之同心协力。而品德高尚的领导者却可以感化属下，使整个团队拧成一股绳，有时甚至连对手也能感动。

我国历史上著名的军事家孙子认为：放在第一位的是"道"。所谓"道"，是使民众与国君的意志相一致，这样，民众在战争中就可以为国君出生入死而不怕危险。我国历史上著名的齐国军事家黄石公有著名的《黄石公三略》，他认为：军井还没有凿成，将帅不说口渴；军中幕帐还未安置好，将帅不说疲劳，冬天不穿皮衣，夏天不用扇子，这就是将帅的礼法。只要将帅与士卒同苦乐、共安危，士卒就会团结一心，不可离异，这支队伍就不怕苦，不怕累，特别能战斗。将帅如果以礼对待，以言辞激励，那么士卒就愿意为知遇之恩而万死不辞。平日里对士卒不断地积蓄恩德，就可以在战场上得到以一破万的效果。

商场如战场，管理学和军事学有着天然的渊源关系，管理学的很多理论、术语都来自军事学。同样，兵家的理论可以用于当代管理之中，这是中国管理智慧的重要内容。一个强有力的领导者怎样才能具有驾驭市场经济的管理能力？美国著名成功心理学大师拿破仑·希尔博士说："真正的领导能力来自让人钦佩的人格。"一个领导者的品行达到连竞争对手也肃然起敬的时候，那就是己方的团结性达到最高的时候，因为此时所有的属下都已经被领导者的人格魅力感化，心思已经凝聚到一起，大家会自觉地为集体效力而不辞辛劳，这也是领导者威信的最高境界。

有一位企业家在总结他多年的管理经验时说：如果你想做团队的老板，简单得很，你的权力主要来自地位，得到地位则可以依靠上天的缘分或凭仗自己的努力和专业知识；如果你想做团队的领袖，则较为复杂，你的力量源自人格的魅力和号召力。由此可见，管理者只有把自己具备的素质、品格、作风、工作方式等个性化特征与领导活动有机地结合起来，才能较好地完成管理任务，体现执政能力；没有人格魅力，领导者的执政能力难以得到完美体现，其权力再大，工作也只能是被动的。

人格或个性，按美国著名人格心理学家奥尔伯特的界定，是指"决定人的独特行为和思想的个人内部的身心系统的动力组织"。也就是说，人格是一个人与其他人区别开来的精神素质或独特的心理特征，它由动机、需要、信仰、价值观和能力、气质、性格等要素构成。其中能力是直接影响人的活动效率，使活动顺利完成的个性心理特征，它是人格的重要构成要素，是人格的支撑，可以彰显个性。管理者如果没有超越一般人的能力，是不可能具备让人敬佩的人格的。人格魅力则是指由一个人的信仰、气质、性情、相貌、品行、智能、才学和经验等因素综合体现出来的一种人格凝聚力和感召力。

有能力的人，不一定都有人格魅力。缺乏优秀的品格和个性魅力，领导者的能力即便再出色，人们对他的印象也会大打折扣，他的威信和影响力也会受到负面影响。管理者的人格魅力影响着其管理水平，其影响主要通过领导者运用权力时产生的亲和力、凝聚力和感召力，使被领导者心甘情愿地为实现既定目标努力奋斗而产生的成效体现出来。一名领导者要具有较高的人格魅力，至少需要以下几方面的能力。

（1）自身实力。管理者的自身实力，主要指业务能力和管理能力，当然还包括人际沟通能力、判断能力、决策能力、应变能力等，能力的强弱是管理者魅力散发的重要源泉。团队的领导能力很强，往往能使团队成员有"安全感"，也更有必胜的信心。在我国的国情下，也更容易让人"心服口服"。

（2）为人诚信。没有人愿意与弄虚作假的人打交道，当然也没有人愿意和一个"诚信可疑"的领导合作，因为这样的领导很难给团队带来奇迹，也很难给团队成员带来希望。诚信乃魅力之本，一个组织的领导，需要"言必信、行必果"。出尔反尔或不履行承诺的管理者，人格魅力将会大打折扣。

（3）以身作则。没有下属的积极支持，组织工作效率势必下降，业绩势必下滑，严重时将导致组织分崩离析。而缺乏下属支持的组织管理者，其不受欢迎的主要原因往往是本人不能以身作则。

（4）公平公正。管理者在对待员工时，需要"一碗水端平"，让每位员工都能感受到公平公正的待遇。"厚此薄彼"的管理者所能获得的支持是有限的，被"厚"的少部分人在一段时间内会支持这样的领导，因为他们得到了好处，但是被"薄"的这部分人，肯定不会"心悦诚服"，其结果也就可想而知了。

（5）充满关爱与包容。"捕获"人心最有效的办法就是发自内心地给予关爱、积极友善地给予包容。

人格魅力是一个人综合素养的集中体现，需要不懈地充实和维护，管理者不断锤炼和提升自己，是人格魅力"充满生机"的唯一途径。

二、中国管理智慧中领导者的权力与威信

从领导者的角度出发，其管理权威要实至名归，不可流于表面形式。

领导者要进行有效领导，权力与威信缺一不可。有权无威，则难以服众，虽令而不行；有威无权，则名不正言不顺，难以有效行使权力。只有两者密切结合，才能做到令行禁止、政令畅通。权力，德国社会学

家马克思·韦伯在其论著《经济与社会》中，给权力下的一个最有影响的定义是："权力是这样一种可能性，即社会关系内部的一个活动者能够不反抗，不顾这种可能性依赖的基础，推行自己意志的可能性。"[1]

首先，作为领导者，权力由职位而来，领导者的职位所赋予的正式职权能使领导者仅仅根据自己的意愿做出某些决策或采取某种行动。但在现代企业的管理中，要想实施有效领导，领导者在权力的实现过程中必须树立自身的权威，才能使自身的权力来源得到更好的发挥。

其次，领导者的个人魅力是其权力来源的另一个方面。其中丰富的专业技术知识，是最有力的个人权力来源。领导者本人如果拥有很强的专业知识和良好的交际能力，并能够努力工作，使自己有一份具有说服力的业绩，并用一种恰当的方式让其他人知道你光辉的历史，这些努力的付出是领导者可以控制的一种权力来源。

最后，如何授权于其他人，是领导者获得更大影响力的一个关键因素。因为合理地授权他人，与下属分享权力，将可激励下属追求共同认可的目标，并取得下属的充分信任，从而提高领导者在组织中的影响力。这是领导者的一种权力，并且也是领导者取得权威的一种方式。华为公司领导人任正非就说过："让听得见炮声的人做决策"，这就是对授权的一种形象的比喻。在当代日趋复杂且不确定的商业环境中，能够有效地分权和授权，就能够提升企业对市场的快速反应能力，极大地提升企业竞争力。

权威，即令人信服并跟从的力量和威信。权威是由权力与威信两部分组成的。其中权力具有强制力，可令人服从，威信具有感化力量，可使人信从。因此作为一个领导者来说，仅拥有权力是不够的，还必须拥

---

[1]（德）马克斯·韦伯《经济与社会（上卷）》，林荣远译，商务印书馆1997年版，第81页。

有威信。权力基于领导者职位，来源于组织授权；而威信则发自领导者本身，源自领导者自身内在的人格魅力。权力是权威的一部分，权威则高于权力。

作为领导者，在实施领导的过程中，仅靠权力的强制因素是难以获得最终成功的，必须使被领导者心悦诚服，而这主要就是靠领导者自身的人格魅力与榜样力量。如果企业的领导者在工作中不善于承担责任，又怎能要求下级敢于负责？如果领导者自私自利，又有什么资格要求下属廉洁奉公？因此，企业的领导者只有拥有廉洁、正直的良好品格，才能在下属面前树立良好的威信与影响力，使员工同心同德。

三、中国管理智慧中领导者的管理艺术

"上有政策，下有对策"，所以，企业的制度所制约的对象，要么是老实人，要么是"无依无靠"的人，要么是没有能力的人，稍微有一点办法的人就会动脑筋，找制度的漏洞，甚至找很多理由修改制度，当然这一切都在合理的范围内。在这种情况下，领导者千万不要奢望单纯用制度来管理团队，必须以人为本，结合"人治"。而要治人，首先要从自身出发，管理他人要先从管理自己开始。领导者应该做到以下几点，才能提高自身的修养。

（1）修己安人是根本的素养。"修己"的意思是修造自己，提升自己，而不是改变他人。有人花费太多的时间和精力，去改变别人。这种错误的方向，浪费了很多管理成本。领导若是一心一意想要改变员工，员工就会保持高度警觉，不是全力抗拒，便是表面接受，阳奉阴违。领导不如用心改变自己，"正人先正己"，让员工获得良好的感应，自动地改变自己，更为快速有效。用高压的政策，要求员工改变，并不符合安人的要求，也不符合人性化管理，员工会以不合理为由，加以抗拒。领

导者先修己，感化员工也自动修己。双方都主动修身养性，自然更加合理。人人自求合理，才是最有效的管理。外国有很多科学的管理理论，但是没有一个理论提到修己安人，这是中国的特殊之处。因为领导自己不能修身养性，就领导不好任何人。中国人的眼睛喜欢往上看，上司的一举一动都逃不过员工的眼睛。如果你的所作所为没有人在意，就表示你的职位较低；当你的职位越来越高以后，你讲的话，会有人帮你散播出去，你做的动作，会有人添油加醋地模仿。因此作为一个领导者，一定要以身作则。以身作则不是要求你的技术领先，这是不可能的，也不是说样样做表率，那也是错误的。以身作则专指德行方面，比如，讲信用，处理事情谨慎，待人诚恳等。有一位企业家就曾经深有体会地对笔者讲："我的员工每天都在看着我，我怎么对待别人，他们就怎么对待我。"领导者要让下属觉得，面对你这样的领导，他们不忍心骗你，这样你就成功了。领导者越不信任员工，员工就越有可能做对不起你的事，有句话叫作"管得越严，出纰漏越大"，讲的就是这个意思。有个企业老板说过，他经营了十几年，没有一个员工跳槽，因为他根本就没管过员工，而是做到让员工看到他就觉得不好意思欺骗他，所以他的员工都兢兢业业。这就是成功的领导者。如果领导者的德行不够，员工就会认为：像你这样的领导者，我对你讲良心干什么？有一个工人，看到自来水龙头没关严，他本来想过去把水龙头拧紧，但是转念一想，却把水龙头开得更大了。他说："我本来想关上水龙头，但一想到我们老板的所作所为，我就改变主意了。"从这件小事可以看出修己安人的重要性。中国人只有"安"的时候，才会尽心尽力，各负其责，将自己所有的长处都发挥出来。

（2）坚持原则才能配合默契。

"坚持原则"有三个含义。

第一，原则不可乱改。随便改变原则，那就会造成组织混乱，让人们无所适从。企业运行有自己的基本准则，领导者要让员工了解并且理解这些原则，这样他们才知道怎样与领导者配合。例如在生产企业，工人之间配合默契，生产就很顺利；产销环节配合得好，流程就很畅通。企业中的所有环节都离不开配合。而在原则以外的东西就要具体情况具体分析，该变的就变，否则就没法应对外界变化的情况。有的企业，员工总是猜测领导者的用意，而且经常猜错；有的领导者也很奇怪，批评照章办事的人不创新，批评不照章办事的人不守规矩，这都是没有默契的表现。而培养默契，是在文化认同的前提下，指导如何去做。

春秋时期，齐桓公曾为"官少而索者众"担忧，管仲便劝他"无听左右之请，因能而受禄，禄功而与官"，使无能无功的人"莫敢索官"（《韩非子·外储说左下》）。论功行赏，任人以能。坚持这样的原则，是对依靠血缘关系或祖宗功勋而享受爵禄及请谒成风、用人唯亲的陋习的一个改革。

第二，按原则去判断。领导者在给员工分配任务之前，要先交代原则，让员工根据原则来判断是否胜任。领导者最怕的是员工"好、好、好"地乱答应，到时候却不能完成任务。如果员工碰到难题，就要明白地告诉领导者，领导者会运用其能力和资源，想其他办法解决。如果员工曾经有过此类问题，领导者就要把原则给员工分析清楚，这样他们会知道下次该怎么做，否则他永远也搞不懂错在哪里。碰到员工做错事的时候，一定要让他自己反省，要让他自己想明白错在哪里。

第三，把原则讲清楚。例如汉高祖的约法三章就非常有实效。领导者与员工之间约法三章，明白原则在哪里，底线在哪里，会一劳永逸；否则，员工天天猜领导者的想法会很辛苦，而且经常出错。

四、中国管理智慧中"修己安人"的领导方式

儒家思想中,修身与治国、自我管理与国家管理密不可分。管理者的自我管理是一切管理活动的起点。《大学》"八目"——格物、致知、诚意、正心、修身、齐家、治国、平天下,给出了自我管理的步骤和路径。治人、治国、治天下都是"治己"即"修身"的外化与扩大。管理者应该以个人的道德修养为基础,进一步扩展到处理好管理层内部的关系,再进一步扩展到处理好管理者与被管理者之间的关系。

(1)修己以敬——自我管理。"自我管理"中包含着现代商人成功要诀。这里的自我管理不是第一章中适用于所有人的自我管理,而是成功商人的自我管理。有一位中国著名企业家提出了"自我管理八要点",展现了儒家自我管理理念在当代的运用。"自我管理八要点"为:①勤奋;②对己节俭,对人慷慨;③始终保持创新意识;④坚守诺言,建立良好信誉;⑤开阔胸襟,统筹全局,义无反顾;⑥给下属树立高效率的榜样;⑦政策的实施要沉稳持重;⑧了解下属的希望。

(2)修己安人——人事管理。孔子说:"视其所以,观其所由,察其所安,人焉廋哉?人焉廋哉?"孔子所说的"安人",当时指的是对于各级管理人员的管理,其目的就是让各级管理人员各得其所,各负其责,这就涉及"管人"。"管人"分为"知人"和"用人"两个方面。在儒家管理智慧中有知人"六征"鉴别法,即:①"观诚",考察官员的道德、品质和情操;②"考志",通过官员的言论谈吐来辨别他的志向;③"视中",通过官员说话的声调来观察他的气质;④"观色",根据官员的表情来察看他的人格;⑤"观隐",通过一定的外露信息来明察官员有意掩盖的本质;⑥"揆德",在前五种表现的基础上,对官员品德做出总评。

(3)修己安民——组织管理。儒家所提出的"安人""安民""安百

姓"思想，在后来的实践中，集中表达为"安人"的管理智慧。从现代管理的角度来看，所谓"安人"就是满足被管理者的需要。美国心理学家马斯洛把人的需要归纳为五个层次，即生理需要、安全需要、归属需要、尊重需要和自我实现的需要。戴维·麦克莱兰（David McClelland）及其同事发展了马斯洛的理论，提出麦克莱兰的需求理论。该理论主要关注三种需求：成就需求、权力需求和归属需求。成就需求指追求卓越、达到标准、争取成功的内驱力。权力需求指使他人以某种方式行事而不以其他方式行事的需求。归属需求指建立友好、亲密的人际关系的愿望。如何调动各种资源，使用多种方法手段，在不同时期满足员工的这些需要，对于领导者的管理能力是重要的考验。

近年来风行各大商学院的"戈壁行走"活动，是一个值得关注的案例。商学院的 EMBA、MBA 学生，多为商业精英、成功人士，而且戈壁行走对同学来说既没有名，也不获利，那为什么各高校成千上万名同学每年都乐此不疲，不仅付出大量时间、精力、金钱，还要进行艰苦的训练，而且一届接着一届争相奔赴呢？唯一可以解释的，就是为了自我实现需求，或者是归属的需求。这些同学在以往的经历中，生理、安全、尊重等方面的需求都已经获得基本满足，那么在人生中还有什么可以追求的呢？那就是挑战自我、实现自我，挑战自身能力，实现自己的心愿和价值，并且获得所在群体的认可。为此，他们付出极大的努力，在戈壁经历几天的艰苦生活，以此来证明自己，获得极大的精神满足。

俗话说，一把钥匙开一把锁。每个领导者、每个组织拥有的资源都是有限的，所以，必须将资源用在最能够满足下属的需求上，如果下属在衣食住行等生理需求方面未获满足，你一味地去谈心做思想工作，下属明面上不敢拒绝你，也可能觉得领导还是挺关心我，但实际上心里在想：还不如帮我解决一点实际问题。所以，有针对性地解决下属的实际问题，才是最有效的领导方式。

五、中国管理智慧中"义利合一"的经营方式

儒家的价值观可以概括为"义利合一"。这里的"义"，相当于精神价值（道德价值），"利"则相当于物质价值，义与利的关系即是精神价值与物质价值的关系。儒家企图解决"义"与"利"二者之间的矛盾，把精神价值与物质价值融合统一起来。

（1）"义以生利"——价值理念。孔子说："义以生利，利以平民。"这里的"义"，主要是对管理者的道德要求，"利"主要指管理活动所创造的物质价值。"义以生利"，就是把管理活动看作精神价值创造物质价值而又制约物质价值的过程。孔子提出"庶矣——富之——教之"，用精神价值来引导和制约物质价值的追求。在主张利民的同时，儒家也十分强调对人民的道德教育。儒家认为，人们过分追求利益，就会产生怨恨、争斗，社会就会动乱。

（2）取之有道——行为准则。"君子爱财，取之有道"，儒家主张利益的获取应该符合道义的要求。孔子认为，如果国家强盛、政治清明，而个人却固守贫贱，那是可耻的；如果国家贫弱、政治昏暗，而个人却大富大贵，那也是可耻的。在儒家看来，"取之有道"也是治国的基本原则，成为历代正直之士的行为准则，对于官员们的道德操守也带来积极影响。东汉名士杨震，拒绝收受金钱。他说，天知，地知，我知，你知，怎么能够说没有人知道呢？孔子则认为：富与贵，是人人所要求的，但如果获得富贵的方式不正当，就不应该去获取它。"不义而富且贵，于我如浮云"（《论语·述而》）。

（3）先义后利——行为追求。荀子说："先义而后利者荣，先利而

后义者辱；荣者常通，辱者常穷；通者常制人，穷者常制于人：是荣辱之大分也。"孟尝君派门客冯谖到自己的封地薛邑去收债的故事说明了先义后利的正确性。冯谖驱车到了薛邑，派官吏召集应该还债的人，都来验对债券，然后假传孟尝君的命令，烧了那些债券，百姓们高呼万岁。冯谖驱车回到齐国都城向孟尝君复命。冯谖说："我私下考虑，您家里堆满了珠宝，厩棚挤满了良马，阶下站满了美女；您家里所缺少的，只是义罢了。于是，我用债券给你买回了义。"孟尝君当时虽然很不高兴，但也无可奈何。过了一年，齐王不再重用孟尝君，孟尝君只好前往封地薛邑。距离薛邑还有一百里路，老百姓就扶老携幼迎接孟尝君。这时孟尝君回头对冯谖说："先生当时所给我买的义，今天才看到！"在这个案例中，孟尝君开头确实损失了"利"（债券），却得到了"义"（民心），这对于统治者来说，也可以说是最大的利。

六、严管勤教是领导的责任

《三字经》里有句话："子不教，父之过；教不严，师之惰。"这句话用在企业里再合适不过。现在有些家庭对孩子过于溺爱，疏于教育，直到孩子犯了无法弥补的过错，才悔之晚矣。其实，这些都是可以避免的。中国古时候称自己的父母为"家严""家慈"，是很有道理的。夫妻两个人，父亲要做"黑脸"，对待孩子严一些；母亲要做"红脸"，对待孩子慈爱一些。父亲的严厉是帮助母亲更好地管教孩子，在教育孩子方面，父母各自扮演不同的角色。聪明的父亲往往会假借发生在他人身上的事情来教育小孩，小孩一听，自己也犯了同样的错，庆幸父亲不知道，自己偷偷改掉，免得受惩罚。这样，一严一慈，孩子才能健康愉快地成长。在企业里也应如此，基层干部要"柔"一些，高层干部要"凶"一些，因为基层干部与员工接触的时间比较长，太凶了，就会让员工反感。如果员工受了委屈，基层干部要会安慰员工，让员工感到自己和他们是同一条战线的。中国人讲人性管理，讲中国式管理，绝不是说马马虎虎地管理，大家混日子，敷衍了事。这样做，害人害己，对待员工一定要严管。只有严管还不行，还要勤教，不教而管，就是虐待。领导者千万不要随便惩罚员工，如果员工做错就惩罚他，你只是在发泄自己的情绪。员工第一次做错，要让他知道他错在哪里，会产生怎样的后果，该如何补救，怎么改，这就够了。如果员工第二次犯同样的错，就不要轻易放过他，但是也不能太严格，毕竟只是第二次犯错。这时，领导者要告诉他，再一再二不再三，如果有第三次的话，后果自负，因为那时所有人都不会原谅他，而不是你不原谅他。这样做，就会渐渐形成一种风气，员工也知道了有错必改。惩罚应针对屡犯者，而不应针对初犯者。初犯就受到重罚，那就没有人敢做事了，因为多做多错，不做不错，多一事不如少一事。大家都无所事事，这个企业如何能发展？

七、如何成为新儒商

"儒商"这一概念的提出，在中国经过了一个由"合"到"分"，再到"合"的否定之否定的历史过程。从先秦到汉初，"儒"与"商"的初步结合，称之为"良贾""诚贾"或"廉贾"。在21世纪，要塑造现代儒商的理想人格，必须在继承和发挥儒家优秀文化的基础上，不断地完善和补充"智""仁""勇"诸概念的社会内涵，以修正儒家的君子人格模式的狭隘性，为建构现代儒商提供理论框架。

在先秦时代，儒和商本来并无交集，在传统农业社会中，商人长期处于地位低下的状态，士农工商，商居末位。而随着经济发展，商人地位逐渐提高，经商也逐渐成为社会中受人尊重的行业。而"儒商"一词的出现，则意味着文化与经济更紧密的结合。

　　从文化知识层面界定，儒商即是"有文化的商人"，是亦文亦商者，即"文人型商人"，而不是浑身散发着铜臭味的土财主。从道德层面界定，儒商应该是"有高尚道德的商人"，注重自身的道德修养，并且在经商活动中能够"君子爱财，取之有道"，不巧取豪夺，不取不义之财。从文化与道德相结合的层面来加以界定，儒商既是有较高文化素养的企业家，又是有较高尚道德和人文关怀的企业家。简而言之，"儒商集东方伦理道德和西方管理意识于一身，其实质就是'仁爱与竞争'"。

　　在中国历史上，不乏既有很高文化素养，又经商有道的儒商。例如南通大生公司的创始人张謇，本人既是清末状元，又一手创办了著名的大生纱厂，而且将经商所得造福乡梓，为家乡和社会建设做了不少好事，为改善当地人民生活贡献了财富和力量。状元为儒之首，大生公司又是当时商业之翘楚，张謇先生可谓是中国儒商之典范。张謇在兴办实业的同时，积极兴办教育和社会公益事业，造福乡梓，帮助群众，影响深远，是中国民营企业家的先贤和楷模。

　　在建设中国式现代化的征程中，我们可以从德、智、胆三方面来赋予儒商新的内涵。

　　第一，新儒商之"德"。具有较高的道德，本就是儒商的题中应有之义。而新儒商，不仅自身要具备高尚的道德修养，做到"修己安人"，而且还应该在企业经营中秉持良好的商业伦理，新时代的新儒商还要有高尚的情怀，践行社会责任，在经营好企业的同时，以自身力量为社会造福，尤其是当前全世界都在提倡的"ESG"，即企业对环境、社会和公司治理这三方面的责任，更应该带头履行，在企业经营管理实践中成为表率。

　　第二，新儒商之"智"。儒商之智慧，主要表现在经商之道上。之所以能够成为儒商，在商业上自然应表现不俗，在企业经营中体现出高超智慧。而在当前的 VUCA[1] 时代，各种不确定因素频繁突发，更需要儒商表现出高格局和大智慧。儒商要将优秀的中国传统文化与现代企业经营更好地结合，来应对当前复杂的商业态势和面临的挑战。就像方太集团董事长茅忠群所说，儒家思想温文尔雅，商业竞争激烈残酷，如何将二者很好地结合，引导企业走向成功，非常考验企业家的智慧。方太集团在这方面已经走出了一条成功之路，值得其他有志于成为新儒商的企业家借鉴。

第三，新儒商之"胆"。企业家精神主要可以概括为两点：创新和冒险。这都需要胆量。孔子曰：敏而好学，不耻下问。新儒商之胆，包含胆识、勇气和创造力，这都需要不断学习。企业家精神要创新和冒险，但不是盲目冒险，而是既要大胆，又要有很好的战略谋划，谋定而后动。一旦看准了方向，就要勇往直前，百折不挠。我在访谈东方希望集团董事长刘永行时，他就谈到在新疆投资 300 多亿元做重化工和光伏产业等，其中遇到无数困难，但他认定这一选择的正确性，坚持不懈，咬定青山不放松，如今获得了可喜成绩。企业家的胆识，是有勇有谋，而且要不断创新。在当前百年未有之大变局中，企业只有不断创新，才能勇立潮头。

儒商精神在新时代具有新含义。只有中西兼容，古今相通，不断学习，推陈出新，才能涌现越来越多的新儒商，引领中国企业不断走向辉煌。

---

[1] VUCA：由Volatility（易变性）、Uncertainty（不确定性）、Complexity（复杂性）、Ambiguity（模糊性）的首字母组成。

第三章

中国管理智慧的外炼模式——以天下为己任

中国改革开放四十多年以来，经济持续发展，人们的生活水平明显提高，创造了人类历史上的发展奇迹。很多理论家从不同视角解释中国经济成长，仁者见仁、智者见智。我们认为，中国经济成功起飞最重要的原因是改革开放极大地释放了中国自身具有的伟大文化力量，而在中国文化中最核心的就是中国人的责任心。中国文化中以天下为己任的品行运用于当代管理之中，就形成了企业的社会责任、管理者的责任情怀、管理道德的落实。中国传统思想中的"三纲领八条目"理论旨在强化社会责任，修己、安人、安天下。

企业需要中国管理智慧的外炼法则，以天下为己任，勇于承担所应承担的一切社会责任。

———

第一节　企业社会责任概念

春秋时期的齐桓公是一位非常有作为的政治家、军事家。他任用管仲进行改革，使齐国很快强盛起来。他接受管仲的外交策略，坚持"尊王攘夷"的战略思想，积极开展外交活动，争取称霸中原。公元前681年，宋国发生内乱，国君被杀，其弟公子御被拥立为新君。齐桓公认为这是执行"尊王攘夷"外交的最好时机，便派使臣去朝见周王，请周王来规定宋国的君位。在周王室权力衰微的情况下，周王觉得齐桓公对自己如此敬重，便委派他去办这件事。于是，齐桓公约了宋、陈、蔡、邾四国到北杏会盟。五国的君主订立了一个盟约，规定今后要互相帮助，安定王室，抵御外族。但北杏会盟还没有结束，刚继位的宋国国君不愿接受齐桓公的领导，偷偷先跑回国去了。齐桓公为了树立自己的权威，决定先放过路远的宋国，而去讨伐鲁国，责问其不参加盟会的理由。鲁庄公看到齐国大军压境，慌忙同齐国在柯地会盟，表示接受齐桓公的领导。接着，齐桓公假借周王的命令讨伐宋国，宋国国君自己觉得不应该退出北杏会盟，派使臣到齐桓公那里认错，并带去一份丰厚的贡品，齐桓公便同意宋国加入盟约。经过多次会盟，宋、鲁、陈、蔡、卫、曹、邾七国加入了以齐为首的联盟，齐桓公从此成为"九合诸侯，一匡天下"的盟主，称霸中原了。

在当代商场，企业之间的竞争无异于春秋时期的群雄争霸，但是各个企业要想在竞争白热化的时代胜出，履行"企业社会责任"就是必不可少的一环。

在当代社会中，最具代表性的组织是作为微观经济主体的企业。在市场经济条件下，企业是一个经济实体，创造利润是企业的经济目标。企业社会责任（Corporate Social Responsibility，CSR）指企业在创造利润、对股东承担法律责任的同时，还要承担对员工、消费者、社区和环境的责任。企业的社会责任要求企业必须超越把利润作为唯一目标的传统理念，强调要在生产过程中关注人的价值，强调对消费者、对环境、对社会的贡献。20世纪90年代初期，美国劳工及人权组织针对成衣业和制鞋业发动了"反血汗工厂运动"。在劳工组织、人权组织等的推动下，世界范围逐渐建立针对企业"社会约束"（Social Regulation）的"外部生产守则"。具有代表性的"外部生产守则"是《全球契约》（*Global Compact*），它由联合国第七任秘书长安南于1999年1月在世界达沃斯经济论坛上首次提出，次年正式成立。该契约旨在鼓励企业与联合国机构、劳工组织和民间团体一起，促使企业承担社会责任，重视人权和环保等方面的问题。要求世界范围内的企业以《全球契约》为框架，改善工人工作环境、提高环保水平。表3-1给出了《全球契约》的十项原则。

表 3-1　《全球契约》的十项原则

人权	原则一：企业界应支持并尊重国际公认的人权
	原则二：保证不与践踏人权者同流合污
劳工标准	原则三：企业界应支持结社自由及切实承认集体谈判权
	原则四：消除一切形式的强迫和强制劳动
	原则五：切实废除童工
	原则六：消除就业和职业方面的歧视
环境	原则七：企业界应支持采用预防性方法应对环境挑战
	原则八：采取主动行动促进在环境方面更负责任的做法
	原则九：鼓励开发和推广环境友好型技术
反腐败	原则十：企业界应努力反对一切形式的腐败，包括敲诈和贿赂

数据来源：UN *Global Compact*

《全球契约》共有十项原则，联合国恳请公司对待其员工和供货商时都要尊重其规定的十项原则。在当今世界，企业应该在多大程度上承担社会责任来满足社会对企业的期望，仍然是摆在各种类型企业面前的问题。中国有很多企业家具有中华优秀传统文化所倡导的社会文化精神，从而使很多企业表现出很强的社会责任。

第二节　企业社会责任的具体表现

在市场经济条件下，企业竞争力突出表现为其获取利润、创造价值的能力。企业作为经济组织，获取利润天经地义，利润也是企业存在的理由和发展的根本动力。然而企业又是社会这个大系统中的有机组件，必然与整个社会的其他组织和个人大量互动，这就要求企业承担一定的社会责任，用以实现企业与社会系统的良性互动。

企业是经济组织，同时也是社会组织。而且企业掌握着各种资源，因此在创造经济价值的基础上，如何重视创造社会价值，也日益引起社会关注。企业通过自己的经营行为来提高人民生活水平，促进社会进步，提升商业文明水平。中国古人早就提出"利天下"的概念，这对当代企业而言同样重要。

说到创造社会价值，有两个概念是绕不过去的，那就是 CSR（Corporate Social Responsibility，企业社会责任）和 ESG（Environmental Social Governance，环境、社会、公司治理）。

达沃斯论坛曾经对企业社会责任提出一个较为全面的定义，包含四个方面。一是好的公司治理和道德标准，主要包括遵守法律、共同规则及国际标准，防范腐败贿赂，对消费者和客户负责等。二是对人的责任，主要包括员工安全计划、就业机会均等、反对歧视、薪酬不公平等。三是对环境的责任，主要包括维护环境质量、使用清洁能源，共同应对气候变化和保护生物多样性等。四是对社会发展的广义贡献，主要指广义的对社会和经济福利的贡献，比如传播国际标准、向贫困社区提供要素产品和服务，如水、能源、医药、教育和信息技术，这些贡献可能成为企业核心战略的一部分，成为企业社会投资、慈善或者社区服务行为的一部分。

企业社会责任的概念目前已经被企业界广泛接受，但还存在一些认识误区。一些企业提起社会责任，就和捐款筑路等公益行为联系起来，这当然也没有错，公益活动是企业社会责任的一部分，但不是全部，更不是企业社会责任的核心部分。作为企业，首先要将产品做好，要以优质的产品和服务造福社会和消费者，并为国家提供税收，以更好地为全社会提供福祉。如有余力，再修桥筑路，扶贫救灾。"君子爱财，取之有道"，这个道就是强调方式方法的正当性与合法性。有些企业，一方面自身的产品和服务没有做好，甚至用一些不太正当的手段获取利润，另一方面通过一些公益活动来博取名誉，这就本末倒置了。

ESG 是 CSR 的升级版。ESG 评价体系是英文 Environmental（环境）、Social（社会）和 Governance（公司治理）的首字母缩写，是一种关注企业环境、社会、治理绩效而非财务绩效的投资理念和企业评价标准。基于 ESG 评价，投资者可以通过观测企业 ESG 绩效、评估其投资行为和企业（投资对象）在促进经济可持续发展、履行社会责任等方面的贡献，在分析企业的盈利能力及财务状况等相关指标的基础上，也从环境、社会及公司治理的非财务角度考察公司价值与社会价值。

ESG 的理念起源于最早期的伦理投资，它给专业投资者和广大社会投资者提供了遴选好企业的新视角和新标准，让人们能够从众多公司中，根据包含经济价值在内的社会价值等指标选出值得投资的企业。基于 ESG 评价，投资者可以在分析企业的盈利能力及财务状况等相关指标的基础上，也从环境、社会及公司治理的非财务角度考察公司价值与社会价值。 通过投资行为来促进环境变好、社会和谐、公司治理规范。

美国哈佛大学教授林恩·夏普·佩因在《公司道德：高绩效企业的基石》一书中写道："公司绩效的全新标准正在形成，这一标准整合了道德和财务两个维度。"[1]人们期望今天的领先企业不仅能够创造财富，生产和提供优质的产品，还要成为道德角色的表率，作为在道德框架下开展业务的深具责任心的代表。人们希望企业能够坚守基本的道德标准，在开展业务的过程中坚持价值判断，为自己的所作所为（包括好事和坏事）承担责任，对他人的利益和需要做出积极反馈，管理自己的价值体系和承诺。几个世纪以来，理论家都宣称公司的管理是一个非道德的事情，因此无力承担道德责任，然而与之相反，今天的社会赋予了公司这样一种道德责任。

一、对环境的责任

孔子在《论语·泰伯》中说："大哉！尧之为君也。巍巍乎，唯天为大，唯尧则之。荡荡乎，民无能名焉。巍巍乎其有成功也，焕乎其有文章。"意思是说："帝尧作为一代君王是多么伟大！他像大山一样高高耸立着，上天是最高大的，帝尧就是在效法着上天！他像大地一样一望无垠，民众没办法用现有的词语来称道他！因而，他所成就的功业是如此崇高伟大，他所制定的礼仪制度是如此灿烂辉煌。"这里的天就是指自然，孔子在这里赞叹尧以尊重天、尊重自然为前提治理国家的方略。孟子在《孟子·尽心上》中说："亲亲而仁民，仁民而爱物"。这里，孟子把自然界看作与人同样的生命存在，把对人世间的普遍关怀推广到自然界。孟子在《孟子·尽心上》中又说："万物皆备于我矣。反身而诚，乐莫大焉。"意思是说："万物我都具备了。反躬自问诚实无欺，便是最大的快乐。"孟子认为天道与人性是一致而相通的，发挥人

---

[1] 林恩·夏普·佩因《公司道德：高绩效企业的基石》，杨涤等译，机械工业出版社2004年版，第2页。

的能动性感知自然界，以人心的至诚合于自然界法则，就能把人的全部融入整个自然界之中，做到"天人合一"，尊重自然界、爱护自然界、承担自然法则赋予人的责任。企业及各种组织有责任和义务保护地球的生态环境。

　　面对时代的变化，面对自然资源急剧消耗和生态环境日益恶化、全球性环境问题层出不穷的现状，海尔集团勇敢接受挑战，选择环境经营的道路，将满足社会对环境的要求视为一种机会，并成为经营的重要组成部分。海尔以实际行动为企业做出了表率。海尔相关负责人表示，自创业以来，海尔一直以"绿色产品、绿色企业、绿色文化"为企业的经营战略，致力于为全球消费者提供绿色美好住居生活解决方案。从 2008 年成为奥运会历史上全球唯一白色家电赞助商，到 2010 年为多个世博会国家馆提供绿色物联生活方案，海尔的绿色发展已得到了世界级机构的认可。同时，为了保证在家电产品生命周期中实现绿色低碳的目标，海尔率先建立了从采购、设计到制造、营销的最完善、最领先的绿色管理闭环体系。海尔与美国陶氏、意大利 BEST、新西兰斐雪派克三大公司建立绿色伙伴关系，推动了家电业整条供需链的绿色化管理，成为家电产业链绿色可持续发展的动力之源。依托创新的绿色战略和完善的绿色管理体系，海尔为全球消费者提供了领先的绿色产品和服务，如创下世界冰箱节能领域"吉尼斯纪录"的 A++++ 冰箱、洗净均匀度达到 99.3% 的匀动力洗衣机，都成为消费者竞相追捧的家电产品。据了解，在国内，海尔是通过认证最多的家电企业；在国外，海尔率先达到了欧盟、美国能源之星标准，并获得多个国家的环保节能补贴。如今，海尔已成为消费者最信赖家电品牌的"代名词"。孔子在《论语·学而》说："节用而爱人，使民以时。"只有节用，才不至于无限度地开发自然资源，只有"使民以时"，老百姓才不至于荒废生产，才能形成自然资源的良性循环。海尔在自然环境责任上，很好地贯彻了孔子的主张。

二、对员工的责任

员工是指企业（单位）中各种用工形式的人员，包括固定工、合同工、临时工。在当今互联网时代，还有很多网络形态下的新形式用工人员，例如滴滴司机、外卖快递员等。员工是企业宝贵的财富，是企业基业长青的根本，企业可持续发展源于员工价值创造动机的可持续性。正确认识员工的重要作用，将员工需求放在重要位置加以认真对待，是管理智慧的重要内涵。一个企业，如果没有一支基本稳定、素质良好的员工队伍，会给企业发展带来不利影响。企业重要的社会责任之一就是对员工的责任。华为在企业社会责任方面的一个主要贡献就是打造了一个中产阶层的员工队伍，展示了"中产阶层模式"，"不能让雷锋吃亏"，让奋斗者享受到奋斗的成果。华为坚持"以奋斗者为本"，大范围吸纳员工入股，形成开放、共享的利益结构。建立了公正的价值评价和价值分配制度，并不断探索知识资本化和按生产要素分配的合理形式，坚定地认为要使奋斗可持续发展，必须使奋斗者得到合理的回报。华为公司以"奋斗者"对企业的贡献和自身的人力资本为尺度，通过产权和利益分配制度的创新，使员工对企业发展产生真正的关切，让员工分享企业成长的收益；同时保持了高效、统一的治理结构。这正如宋代学者杨简所言："以实待人，非唯益人，益己尤大。"善待员工，最终能使企业获得良好发展。华为获得了员工的忠诚，获得了员工的努力拼搏，因此，华为不断取得进步。中央电视台十集大型纪录片《公司的力量》第十集中，援引著名学者的论述："公司不该是权力的工具，而应该是普通人展示智慧、汇聚力量的舞台；公司不该是金钱的奴隶，而该是带动社会创新和进步的动力；公司不该是冰冷的机器，而应是以人为本的倡导者和受益者……任何一个组织的目的，如果不是为了让人们获得真正的幸福，那它就无法获得诚心的尊重，无法获得长久的生存。"

孔子要求其弟子成为君子，内在的要求是以"仁义"为本质，外在的要求是以"礼仪"为行为准则，逐步养成"恭、宽、信、敏、惠"的优秀行为品质，从而在管理实践中做到运筹帷幄之中，决胜千里之外。在现代管理中，集中体现为企业对员工的社会责任之上。宝武钢铁集团积极倡导建设学习型企业和学习型团队，致力于构建具有宝武特色的"分层、分类、项目化运作"的员工发展与培训体系，通过开展决策人研修、"点善军团——未来创业者修炼营"、金苹果计划、青苹果计划等，为各类员工的学习、锻炼与发展搭建宽阔的平台。通过不断运作、优化、完善，逐步形成了统筹规划、分工明确的管理体制，规范有序、运转高效的运行机制，选拔、培养、使用一体化的激励约束机制。同时宝武集团高度重视培训保障体系建设，保证培训经费投入，以集团人才开发院、集团领导力发展中心为代表的培训基地网络、师资、教材等基础建设得到不断加强，并初步建成了覆盖海内外子公司的远程教育系统。根据企业发展战略、岗位能力需求和员工职业发展需要，结合员工年度绩效考核结果反馈，公司及各子公司每年分级分类制订培训计划，保障员工在职业生涯的不同发展阶段都能有针对性地参加相应培训。

在企业管理思想发展历程中，对于人的认识，经历了一个人事管理——人力资源——人力资本的发展过程。在互联网时代，企业及各类组织中的人才，不再仅仅是一种静态的资源，而是可以进入市场、用来增值的资本。员工自身在市场经济中也认识到人力资本的价值，他们在企业工作过程中，一方面注重能否获得各种回报，另一方面也越来越注重自身人力资本能否在工作中增值。如果在企业工作中只是一味付出脑力和体力，不能够使人力资本获得保值增值，那他们就会产生心理恐慌，担心自己在人才市场中失去竞争力。因此每一位组织管理者，要充分认识员工的这一心理，在工作中创造各种机会，让员工通过工作过程，不仅贡献自身各种能力为企业做出贡献，而且能够学到新的知识，提升新的能力。这样才能让员工安心工作。

三、企业对消费者的责任

中国儒家在处理人与人关系时的智慧主张是"修己以安人"，通过自我完善和道德提升，达到和谐处世，促进人与人之间互相理解、互相尊重、互相信任，最终实现社会稳定与经济发展。企业组织在对消费者承担社会责任时，可以效法儒家"修己以安人"的主张。

企业提供的产品和服务对消费者应该是安全、可靠和物有所值的，致力于不断提高产品或服务的质量。应采用新材料、新技术和新的防范措施来不断提高产品或服务的安全性。对化学产品进行系统、严格的评估，制订产品安全监管计划，以确保其产品在获得预期利益时也能够保护公众健康和环境。尊重消费者的消费心理和消费习惯，禁止强买强卖的行为，禁止对消费者进行精神或肉体上的伤害。应建立与客户及消费者沟通的便利渠道，对客户的问题和投诉予以及时答复和解决。产品设计、生产、销售及售后服务过程中应积极采纳客户及消费者的合理意见或建议，以提供更好的满足其需求的产品和服务。企业要做到"老吾老以及人之老，幼吾幼以及人之幼"（《孟子·梁惠王上》）、"不独亲其亲，不独子其子"（《礼记·礼运》）的宽广情怀，形成企业与消费者之间和谐友爱的人文情怀。

中国著名民族企业杭州胡庆余堂的理念是"药业关系性命，尤为万不可欺"。在胡庆余堂的药店大堂里有一块匾，上书"戒欺"两个大字，这块匾是面朝里挂的，是为了警示所有员工伙计，用来规范企业自身行为。这块匾额时时刻刻给企业员工敲响警钟，告诫员工"采料务真，炮制务精"，用企业制造的优质药品造福顾客。

中远海运集团始终秉承"承担起中国远洋上市平台和资本平台的责任，确定、发展和巩固在航运、码头、集装箱租赁、物流领域的领先地位，保持与客户、雇员和合作伙伴诚实互信的关系，实现可持续发展，最大限度地回报股东、环境和社会"的使命；"全球发展、和谐共赢"的价值理念，以及"以人为本，以市场为导向，以科技为手段，以效益为中心，践行企业社会责任，坚持生产经营和资本经营双轮驱动，做强国际航运业，加大物流基础资源投入，积极拓展码头产业，培育壮大集装箱租赁业务，推进中国远洋从综合航运企业向航运物流集群的领头企业转变，从跨国经营向跨国公司和全球公司转变，实现又好又快和可持续发展"的发展战略。中远海运集团自觉承担产品和服务在整个生命周期中所应负的责任，守法经营，与客户共建诚信守法的生产和消费者环境，同时让企业内外的利益相关者对企业各方面进行监督。

按照企业社会责任和 ESG 理论，并结合中国目前实际状况来看，企业对消费者的责任，具体而言有以下三个方面。

一是产品状况。首要的是产品安全。从消费者行为学的观点来看，消费者购买一件产品，可能有着多种期望，但最重要的是产品质量安全，也就是我们通常讲的"保质保量保安全"。产品的品质要可靠，货真价实，还要确保消费者在使用时能够安全。所以任何一个企业首先都要严格遵守有关法律，确保自己的产品或提供的服务质量符合要求，还要安全可靠。除此之外，企业还必须在适当场合加强产品质量安全知识的宣传，提高公众的质量安全意识，加强质量安全管理，保障产品消费安全。

二是服务水准。就目前中国企业的状况来看，在一般的服务方面水平还有待于进一步提高，如遵照国家规定提供"三包"等，但更重要的是要使消费者具有知情权，并认真处理消费者投诉。在这方面，虽然国家法律早有明文规定，但是企业遵守情况并不好，如产品的产地、保质期等基本信息往往语焉不详，而使用方法、服务状况等更是经常缺失，使得企业和消费者之间信息不对称，消费者经常处于弱势地位。而且一旦发生企业和消费者之间的争议和纠纷，企业不是认真对待消费者意见，而是常常表现出缺乏责任心，敷衍推诿，这就严重损害了消费者利益，而且反过来也损害了企业利益。因为在商品供过于求的情况下，消费者对于自己不满意的企业和商品，会用脚投票，不选择购买。而且企业如果在服务的实际行动中没有实践在广告宣传中的承诺，那么，以前所做的宣传等于白费功夫，还有可能适得其反。

三是营销手段。这是当前中国企业在履行社会责任方面最为薄弱之处。当今中国，商业竞争的激烈程度众所周知。在这一大背景下，企业为了应对激烈的竞争形势，采用多种手段各出奇招，力求聚集人气，提升销售额，以获得更多的经济效益，这原本无可厚非。但是，每一个企业领导人应该充分认识到，企业不仅是一个经济组织，同时也是一个社会组织。企业的每一项商业活动，虽然其主要目的是追求商业利益，产生经济效益，但同时也不可避免地具有社会效应，产生社会影响。因此，企业领导人在进行每一项活动决策时，不仅要考虑到经济方面的影响和作用，更要充分全面地考虑消费者的利益，秉承良好的商业伦理，使每一项商业活动获得经济效益和社会效益的双丰收。

企业作为营销主体，在从事各种营销活动时，应充分考虑到营销活动可能产生的社会影响，考虑到消费者的心理感受。企业与消费者和社会的关系，最主要的是经济关系，直接表现为某种利益关系，这种关系的正确处理，除依靠法律外，还需要正确的伦理观念加以指导。世界著名营销学权威菲利浦·科特勒就曾经说过："公司需要用最后一种工具，来评价他们究竟是否真正实行道德与社会责任营销。我们相信，企业的成功和不断地满足顾客与其他利益相关者，是与采用和执行高标准的企业与营销条件紧密结合在一起的。世界上最令人羡慕的公司都遵守为公众利益服务的准则，而不仅仅是为了他们自己。"这就给我们指出企业在营销活动中，遵守营销伦理的必要性和重要性，企业只有充分、全面地考虑顾客和其他利益相关者的利益，才能在市场上获得真正的优势。

根据营销伦理原则，商家在制定营销方案及实施营销活动时，要妥善考虑下列各方面因素：一是营销方案对消费者或其他利益团体产生的后果和影响；二是该营销方案和活动实施时发生在消费者或其他利益团体上的可能性；三是消费者对营销活动所产生后果的接受程度或排斥程度。中国消费市场，与西方发达国家市场不同，具备独有的特点，即人口数量多且密集，消费者闲暇时间相对较多，消费者价格敏感度较高。因此，每一个企业在进行促销活动时，都要根据当地的情况，妥善考虑上述三方面因素，制定既积极有效，又稳妥可靠的促销方案，实施良好的促销行为。

现代企业经营理论，注重企业与顾客的双赢。只有做到这一点，才能促使整个社会的良性循环，促使社会经济文化的全面进步。企业从社会中获取资源，在做出经济贡献的同时也发展了企业自身，因此也应该以履行社会责任的良好行为来回报社会，这已经成为当今企业界的共识。所以，每一个负责任的企业，每一个具有责任心的企业家，要在企业生产、经营、管理的全过程中注重履行社会责任，用良好的企业行为来促进整个社会的和谐发展，做一个真正具有良好表现的"企业公民"。

四、企业对竞争者的责任

孔子在《论语·学而》中说"礼之用，和为贵"，主张借用礼来维持人与人之间的和谐关系。孟子在《孟子·公孙丑下》中提出"天时不如地利，地利不如人和"的思想，表达了对人与人和谐关系的诉求。企业在践行对竞争者的社会责任时，可以采纳"和为贵"的主张，与竞争者建立平等、互利、互惠的双赢关系。

有一个观点是需要厘清的，那就是：商战和兵战，即商业竞争和军事战争是否秉持一样的理念，遵守同一种规则？

虽然在日常生活中，人们经常讲"商场如战场，商战如兵战"，这句话用来形容商业竞争的激烈程度是可以的，但事实上商业竞争和军事战争是有着根本性区别的，具体表现在以下方面（见表3-2）。

表3-2　兵战和商战对比

兵战	商战
对抗双方都是敌人	不一定是敌人，可能是朋友
基本没规则可言	要遵守市场规则
主要为武装形式的较量	经济、科技力量的和平较量
造成生命和生产力的破坏	促进经济社会发展

当今时代，企业之间既有竞争又有合作。每个企业应遵守所属行业中体现社会责任导向的行业规范，自觉维护市场秩序。在市场准入、原材料采购和价格制定等方面应遵循公平竞争原则，反对垄断和低成本倾销等不正当的竞争手段，禁止商业贿赂。企业与商业伙伴进行交易时，应遵循平等、自愿、公平、诚信的原则，充分尊重对方所提供产品或服务的价值，包括当前市场价格无法衡量的价值。应坚持公平合理、公开规范、合同管理的原则，不得滥用优势地位。孔子在《论

语·子路》中说："君子和而不同，小人同而不和。"所谓和而不同，就是能容纳与自己观点主张不同的意见，与持不同观点的人和睦相处，相互切磋。企业在履行对消费者的社会责任时，需要具有"和而不同"的气度，与千差万别的竞争者在平等、自愿、公平、诚信的原则基础上，共同发展。

2021年10月26日，中国著名企业福耀集团曹德旺董事长在接受笔者访谈时说道："利益分配要均衡，你在商业合作时，如果把别人该得的利益全都刮干净了，刮一次别人就认识你了，第二次你就不那么容易了，第三次再来刮，别人会一脚踹开你。所以要留一部分钱给人家赚，儒家提倡的仁、义、理、智、信，第一个就是仁，就是要尊重别人，做到均衡发展，造福于民。"曹德旺说了一个案例：2008年发生国际金融危机，有一个玻璃厂的总经理来向他求助，说玻璃堆在仓库里卖不出去，再这样下去企业就得关停。曹德旺当天就跟他表态，说我是小厂，不会买很多，一个月只能买几千吨玻璃，如果不嫌少你自己装过来，就按照中国今天市面的价格。这位总经理非常感动，认为曹德旺救了他，过几个月玻璃供应紧张了，他也不涨价，还是按照原来的价格给福耀供货。曹德旺认为这个就是双赢。他深刻体会到做企业就是做人，做人做好了做企业就没问题，很多人会帮助你。所以福耀一贯提倡"敬天爱人，止于至善"，要想到、讲到、做到。[1]

五、企业的内部治理与外部规制

儒家的"礼"有某种强制性的色彩，所以被称为"礼制"。"刑"

---

[1] 苏勇主编《改变世界（七）：中国杰出企业家管理思想精粹》，企业管理出版社2024年2月出版，第72页。

虽是"不得已而用之",但儒家从来就没有反对,更不会将其轻易抛弃。孔子主张统治者要关心刑罚,还指出,如果刑罚不恰当,民众就会手足无措,社会就无法正常运转。现代管理中,表现为"价值导向"与"规章制度"之间的关系,即"软管理"与"硬管理"的关系。中国管理智慧强调完善企业内部治理体系需要统一运用"软管理"与"硬管理"。

孔子在《论语·为政》中说:"道之以政,齐之以刑,民免而无耻;道之以德,齐之以礼,有耻且格。"意思是说:"刑罚只能使人避免犯罪,不能使人懂得犯罪可耻的道理,而道德教化比刑罚要高明得多,既能使百姓守规矩,又能使百姓有知耻的心。"完善企业内部治理体系需要把"价值导向"与"规章制度"统一起来运用。一方面,强调价值引导,用良好的价值观和优秀的企业文化来引导员工向善,进行思想和精神教育,在企业文化的塑造中注重教化、感化、同化三部曲,首先是教化,做好教育和培训。苏州得胜洋楼公司提出,在新员工进公司时必须9名老员工带1名新员工,而不能7名老员工带3名新员工,这样才能让新员工充分了解和接受企业文化的熏陶和浸润,在老员工带领下迅速熟悉公司精神文化、制度文化和行为文化,尽快融入企业大家庭。感化,那就是领导要以身作则,身体力行地用自身的模范行为去感化员工。同化,就是通过各种手段和方法,使得员工最终认同企业文化,认同企业的价值理念。另一方面,企业运行中也要辅之以必要的规章制度,没有制度支撑的企业文化是不能落实的。所以德胜洋楼公司有一句话——在企业管理中做到"把话说透,把爱给够"。关爱员工做到位,制度执行不含糊,这样才能很好地收到效果。

企业治理分三个层次:第一是管人,即管心、管思想;第二是文化熏陶与培训、教育;第三是奖励和激励制度。在企业社会责任的指导下，华为将企业社会责任理念融入生产经营、市场营销、售后服务、采购、技术开发、人力资源管理等环节，华为倡导内部合作，坚持客户导向的流程化管理，以复杂的矩阵式组织结构，将内部不同机构、不同职位及不同人员编织成一张整体性的、纵横交错的协同网络，并将自身价值链上的全部行为变成为社会负责的举措。华为重视供应链管理，坚持"深淘滩，低作堰"的业务管理方针。整体强健的产业链是公司的生存之本，华为轻资产商业模式决定了其必须"深淘滩，低作堰"，与全球供应商一起构建资源共享、价值共创、风险共担、利益共享的商业生态系统。

六、社区建设和公益事业

"仁"作为儒家道德理论的基本准则，是企业搞社区建设与公益事业的道德规范和道德要求的依据。孔子在《论语·雍也》中说："夫仁者，己欲立而立人，己欲达而达人。"又在《论语·卫灵公》中说："己所不欲，勿施于人。"表明"仁爱"是一种责任，更是一种推己及人的风尚，以及助人为善的精神，要求企业与社区之间做到"互利互惠"。取之于社会，用之于社会，ESG 中的 Social，就是强调企业对所在社区及整个社会的责任。企业应遵守其经营活动所在地社区和影响所及地区的管理条例及规定，应根据内部确立的原则制订相应的计划，参与和支持发展社区的文化教育事业和福利事业，关心和赞助社区的公益事业。安排相应的人力资源和财务资源等来组织实施其支持社区发展的计划，鼓励员工积极参与建设和维护社区生活秩序，提高生活质量。关心和积极参与社区相关的社团活动。

总部位于江苏省苏州市的著名企业亨通集团，在崔根良董事长的带领下，先后安排苏州当地 3000 多名残疾人到企业工作，把他们从家庭包袱变成对社会有用之人。崔根良当选为中国光彩事业促进会副会长后，亨通集团每年向各级光彩会捐赠，热心参与光彩慈善公益事业。自2008年以来，亨通集团累计向吴江区慈善总会捐赠超1亿元，用于扶危济困、爱心助学、养老助残等慈善公益事业，并相继为苏州吴江等地区的福利院、老年大学、老年公寓、乡镇医院等捐建设施，连续捐助各级慈善项目。从2011年起，亨通集团与企业所在的吴江区残联长期合作，连续13年开展助残圆梦活动，从最初的捐赠液晶电视机、洗衣机，到捐赠电冰箱、热水器，再到帮助残疾人家庭的孩子购买笔记本电脑，提供助学金、奖学金等，先后为2000多户贫困残疾人家庭提供精准帮扶，在全省率先实现县域贫困残疾人家庭现代家电全覆盖。不仅如此，崔根良还积极响应中央精准扶贫号召，参与"万企帮万村"等行动，足迹遍布全国半数以上省份。中国光彩行动走到哪里，崔根良的大爱情怀就奉献到哪里，体现出深厚的家国情怀。在中国光彩会、中华慈善总会的支持下，崔根良捐赠500万元参与重庆"光彩爱心家园——乐和之家"项目。为贫困地区农村留守失学儿童开展爱心救助行动，通过社会化、专业化方案让留守失学儿童重返校园，重进课堂，重享温暖，让更多孩童健康快乐成长。

第三节　管理的道德准则

与西方那些竞争意识很强的民族相比，中华民族主张以合为上、以和为贵、以忍为德。中国古人把德看成齐家治国平天下之策，也把它作为能否成大事的策略。《尚书》中有这样一句话："有容，德乃大。"意思是"要有容纳的雅量，道德才会广大"；《礼记·檀弓上》说"君子之爱人也以德", 意思是 "君子对人（特指朋友）好是以自己的德行感化他"；《论语·学而》更直言 "礼之用，和为贵。先王之道，斯为美"。意思是 "礼的应用，以和谐为贵。古代君王的治国方法，先贤流传下来的道理，最可贵的地方就在于此（依礼行事）。" 中国人一向主张先立德，后立功、立言。立德，就需要宽容、大度，懂得和为贵，忍为高；能容人容事，能忍、讲和，方能成大事，立大功。中华民族勤劳简朴的民众，在中国这块古老的土地上繁衍生息，长期以来，也培养了良好的道德品质，并把这种品质整合到中华民族的文化底蕴之中，成为改革开放以来中国持续发展的不竭动力。

社会主义市场经济是以商品交换作为基础，企业作为市场经济的主体，获取经济利益无疑必须放在首位。但现代化生产是一种社会化的经济活动，社会中每一个个体所产生的行为，不仅关系到自身的发展，而且直接影响他人和社会。事实上不管我们是否承认或者是否意识到，一项行为是否去做，用多大努力去做，怎么样去做，都取决于从事该行为的个人或集体的价值观的主导。无论在国内还是国际，工商企业的发展都已经成为当代社会发展的主要驱动力，资本的力量越来越强大，经济和企业组织的发展与 AI 等现代科技相结合，正在日益改变着人们的思想和行为，为政治、教育、文化、宗教和家庭等领域带来越来越大的影响。而从整个社会发展的角度来看，工商企业和经济发展的影响力越大，社会就越是迫切需要确保让它们朝着正确的方向发展，需要从各个方面、各个层次对其加以必要的约束和引导。

管理学和伦理学是两个不同的学科，管理和伦理各自有自己的概念。但从管理活动在现实生活中的实际应用及管理所涉及的对象来看，管理与伦理道德是相互贯通，有密切联系的。这可以从以下四个角度来分析。

第一，管理归根结底是对人的管理。人类自从开始了集体活动或劳动之后，才有了比较明确的管理活动。一切集体和社会组织都是人群的集合，而社会生产和生活无非是人群的活动过程和结果。在这一活动过程中，为了协调人群的活动取得理想的结果，就有了各种形式的管理活动，需要规范人的行为，建立良好和谐的人际关系和集体意识。要做到这一点，光靠严格的规章制度是远远不够的，还需要伦理道德的引导，以良好的伦理道德来激发组织成员的使命感、责任感和光荣感，使人们对自己的行为有一个清醒的认识和自觉的约束。

第二，管理活动的实施离不开对伦理道德准则的把握。管理是一种实践性很强的社会活动，管理过程的建立和管理活动的实施主要是对人力、财力、物力的支配，在整个管理过程中离不开对伦理道德准则的把握。就企业管理而言，无论是内部的人力资源管理、财务管理、生产管理、供应链管理还是外部的市场营销、广告宣传和公共关系的拓展，都是在一个基本目标下通过对人、财、物的调动支配来达到某种目的，其中每一件事情都涉及伦理道德的考量与准则的把握。例如在企业的经营过程中，怎样才算把有限的人力、物力、财力运用到最佳程度？企业在经营活动中如何才能兼顾企业与社会的利益？企业的管理者与被管理者在对财力、物力的支配中，怎样才能不违背道德原则？尤其是被经济学家认为最重要的效率问题，企业在追求效率的时候，如何处理好效率与公平的关系，其中就有许多方面涉及伦理道德问题。在当前激烈的市场竞争态势下，许多企业为了增强竞争实力和取得更高的市场份额，策划出不少新思路和新点子，这种积极进取的精神固然可嘉，但由此产生的问题也不少，这就更加突出了伦理道德在管理活动中的重要性。

第三，在处理个人与组织的关系时，更需要建立一种伦理道德准则。人是一切组织中最宝贵的资源，而在对人的管理中，怎样使组织中每一个成员能够正确处理好个人和集体的关系，这其中充满着伦理道德的考量。市场竞争空前激烈，企业经营活动日益复杂，管理手段也在不断创新。在这科学化、信息化、后现代化的时代，员工的思想意识也在经常变化。而对于企业领导人来说，在企业经营管理中怎样才能做到既考虑到集体利益，使公司不断发展壮大，企业能够获得更多的利润，创造更多的价值，同时又要兼顾到员工的个人利益，从而更好地充分调动每个人的积极性，这对管理者来说，不仅有管理艺术、管理水平上的考验，更有伦理道德方面的考验。对于被管理者来说，正确处理个人和集体的关系不仅是具体执行过程中的技术问题，而且是涉及个人行为中道德原则和道德意识的问题。只有当被管理者在复杂的经营活动中能够清楚地意识到自己的责任，摆正个人和集体的位置，才能够使整个组织在所有人的齐心协力下获得更好更长远的发展。

第四，每一项具体管理行为中同样存在伦理道德问题。管理活动是非常具体的，每一项具体的管理行为需要面对不同的人和事，其中同样存在着许多伦理道德问题。例如用管物的方法来管人是否符合道德？将企业员工视为经济人，认为他们到企业工作仅仅是为了获取物质报酬，这是否符合人的本来愿望？在数字化时代用越来越严苛的算法把员工死死框住，让员工困在系统里喘不过气来，这是否产生伦理道德问题？企业为了提高生产效率，长期让员工从事单一化重复性的劳动而不采取任何应对措施，最终导致员工身心失调，产生某种程度的心理或身体疾病，这已被现代管理学普遍认为是不道德的管理行为。

道德管理作为一种既特殊又具普遍性的管理行为，是管理者的行为准则与规范。它是特殊的职业道德规范，是对管理者提出的道德要求，可以说是管理者的立身之本、行为之基、发展之源。对企业而言，是企业健康持续发展所需的一种重要资源，是企业提高经济效益、提升综合竞争力的源泉。

任何道德都是遵循某些原则的。在现实的管理过程中，企业组织所面临的各种选择都可能产生不道德的后果，于是"道德困境"（Ethical Dilemma）就产生了。中国管理智慧采用知行合一的方式化解道德困境，运用一切可以运用的道德法则。在知行合一的方式下，组织在处理不同的管理问题时，会依据不同的道德准则。

中国古代道家思想中蕴含着丰富的道德思想火花。老子在《道德经》中说："圣人无常心，以百姓心为心"。意思是圣人没有固定不变的意志，而是以百姓的意志作为意志。善良的好人，我善待他；不善良的坏人，我也善待他，这样可使所有的人都向善。理想的治理者，收敛起自我的意欲，不以主观愿望界定是非好恶的标准，而是以善心、诚心去对待所有的人。老子在《道德经》中又说："治大国，若烹小鲜。"意思是说烹煮小鱼，不能常常去翻动，锅中的鱼翻动太多，小鱼就破碎不堪了。治理大的国家和烹煮小鱼一样的道理，要清静无为、顺其自然，不能朝令夕改、政令繁多。如果能如此，则每个人都可以各遂其志，整个组织就可以相安无事。《庄子·应帝王》中有一段阳子居与老子的问答。有一次阳子居问："假如有一个人，同时具有果断敏捷的行动与深入透彻的洞察力，并且勤于学道，这样就可以称为理想的官吏了吧？"

老子摇摇头，回答说："这样的人只不过像个小官吏罢了！只有有限的才能却反被才能所累，结果使自己身心俱乏。如同虎豹因身上美丽的斑纹才招致猎人的捕杀；猴子因身体灵活，猎狗因擅长猎物，所以才被人抓去，用绳子给捆起来。有了优点反而招致灾祸，这样的人能说是理想的官吏吗？"

阳子居又问："那么，请问理想的官吏是怎样的呢？"

老子回答："一个理想的官员功德普及众人，但在众人眼里一切功德都与他无关；其教化惠及周围事物，但人们却丝毫感觉不到他的教化。当他治理天下时不会留下任何施政的痕迹，但对万物却具有潜移默化的影响力。"

在 20 世纪 90 年代，润迅是中国寻呼市场中名列前茅的公司，拥有几百名软件工程师。在大多数工程师看来，开发出更高深的软件或许可以证明自己的智力，但马化腾认为写软件并不是自娱自乐的事情，必须使更多人应用才有价值。他认为只有按照网民心态做事，才能推出更加符合用户需要的业务，软件要让更多人使用才有意义。在此理念基础上，才有了此后的腾讯。

在管理中，非常强调的一点是公正原则。制度面前人人平等，只有实现了制度面前人人平等，才能够使管理具有执行力。中国人常说："只许州官放火，不许百姓点灯。"这是千百年来不平等的封建制度遗留下来的非公正性思想。在中国古代，统治者追求的是凌驾于法律和制度之上的特权，而这种特权往往造成民怨沸腾、士气低落。而在中国历史上也有明达的君主，支持制度面前人人平等的公平原则。

公元前 158 年冬，汉文帝为考察军队的情况来到了细柳军营。他远远地就望见营门外面甲士严阵以待、戒备森严、如临大敌。汉文帝从没见过这样军容整齐、斗志旺盛的队伍，便叫随从前去通报。不料守营兵士正气凛然地拒绝说："我等只听将军令，不听天子诏！"汉文帝便亲自驾车来到营门前面，同样也被守营兵士阻拦住。汉文帝只得取出符节，令随从人员持节入营通报。周亚夫接见来使，传令开门。守营兵士接到周亚夫的命令后，方将营门打开，放入车驾。

汉文帝到了营门里面，才见周亚夫披甲佩剑，从容出迎。周亚夫作了一个长揖，说："甲胄之士不拜，臣照军礼施行。请陛下勿责！"汉文帝听了，大为震动，在车上严肃地进行答礼，并让人宣诏说："皇帝敬劳将军。"周亚夫带着将士，肃立两旁，鞠躬称谢。慰劳完毕，汉文帝离开军营。汉文帝一退出，周亚夫仍将营门关闭，队伍严整如故。随从官员都感到十分惊讶，认为周亚夫目无君主，实在是胆大妄为。汉文帝却赞叹说："这才称得上真将军！"一个月之后，便命周亚夫为中尉。

第四节　改善企业道德行为的途径

如果管理者要改善企业道德行为，有许多事情可以做，可以努力挑选高道德标准的人作为员工的榜样，通过模范作用来影响大家；制定道德准则和决策规则，并配合绩效评估机制；提供道德培训；实施社会审计；向那些面临道德困境的人提供支持；等等。孤立地看，这些行动可能不会产生多大的影响，但把它们作为综合计划的一部分来实施时，便具有明显改善企业道德风气的作用。

一、明确道德准则

汉武帝时期执行了"罢黜百家，独尊儒术"政策，确立了儒家思想的正统与主导地位，使得专制"大一统"的思想作为一种主流意识形态成为定型，在这种统一的思想道德体系下，社会牢固、国家安定。如果说"罢黜百家，独尊儒术"是汉武帝时期的思想道德准则，那么对于今天的企业来讲，其自身的道德准则也是这个企业能否生存、发展的前提。

中国著名民族企业冠生园公司的创始人冼冠生（1887—1952）当时看到国外食品在中国大量倾销，便以"提倡国货、改良食品"理念，提出"三本主义"（本心、本领、本钱）、"三个至上"（信誉、顾客、质量）的经营理念，办起"冠生园"与国外食品竞争，成为有口皆碑的民族企业家。在很多中国人眼中，"无商不奸""见利忘义""唯利是图"是从商者的形象，但是事实上自古以来就有"廉贾""良贾""诚贾"。在当今信息化时代，奸商更是没有生存空间，而那些"良贾""诚贾"的生存空间越来越大。因此，建立道德准则成为当代企业经营的首要任务。

在一些企业中，员工对"道德是什么"认识不清，这显然对于企业不利。还有些员工为了维护企业利益，会发生各种亲企业不道德行为，盲目地违背道德原则，自以为有利于企业发展，其实是对企业造成危害。明确地在企业内建立道德准则可以缓解和解决这一问题。道德准则应当是什么样的呢？一方面，道德准则应当尽量具体，向员工表明什么可以做，什么不可以做；另一方面，道德准则应当充分考虑文化环境和现实场景。例如，德胜洋楼公司就明确规定，不能接受客户所赠送的礼品，如实在推辞不掉，带回公司后登记并上交。但公司会定期将这些礼品向员工举行拍卖，拍卖所得全部汇入长江平民教育基金会，用来进行慈善活动。

这些道德准则能发挥怎样的作用呢？虽然它们并不总是能够有效地鼓励企业中的道德行为，而在现实中，企业不道德的行为还在不断发生，包括虚假宣传、销售欺诈、不安全的工作条件、性骚扰、利益冲突及破坏环境等行为。但我们并不能因此否定道德准则的作用，而且我们要认识到，道德准则和商业伦理的建设需要进一步的措施支持。

表3-3列出了美国83家企业道德准则的变量分析。

表3-3　美国83家企业道德准则的变量分析

类型1：做一个可靠的企业公民
1. 遵守安全、健康和保障法规
2. 表现出礼貌、尊重、诚实和公平
3. 工作场所禁止使用非法药品和含酒精饮料
4. 管理好个人财物
5. 出勤率高和准时
6. 听从监督人员的指挥
7. 不说粗话
8. 穿工作服
9. 禁止上班携带武器
类型2：不做任何损害企业的不合法或不恰当行为
1. 合法经营
2. 禁止支付非法用途的报酬
3. 禁止行贿
4. 避免有损职责的外界活动
5. 保守机密
6. 遵守所有的反托拉斯法和贸易法规
7. 遵守所有的会计制度和管制措施
8. 不以公司财产谋私利
9. 雇员对公司基金负有个人责任
10. 不宣传虚假和误导信息
11. 决策不受个人得失影响
类型3：为顾客着想
1. 在产品广告中传递真实的信息
2. 以你的最大能力履行分派的职责
3. 提供最优质的产品和服务

资料来源：斯蒂芬·P.罗宾斯，玛丽·库尔特.管理学［M］.北京：中国人民大学出版社，2004:132.

在每一个企业中，不能孤立地制定和应用道德准则，而应不断地向员工传达与企业的道德准则相关的道德期望和提示。各级管理人员应当支持并不断重申道德准则的重要性，同时还应坚决惩罚违反准则的人。如果管理者认为道德准则很重要，经常重申它的内容，并公开谴责那些违反准则的人，道德准则就能够为公司的道德计划提供一个坚实的基础。最后，企业的道德准则可以围绕表3-4所列的12个问题进行设计。这些问题可以作为指导管理者制定决策时处理道德问题的决策规则。

表3-4　检验企业决策道德的12个问题

1. 你准确地确定问题了吗？
2. 如果你站在对方的立场上，你将如何确定这一问题？
3. 这种情况首次发生时会是怎样的？
4. 作为一个人和作为一个公司的一员，你对谁和对什么事表现忠诚？
5. 在制定决策时，你的意图是什么？
6. 这一意图和可能的结果相比如何？
7. 你的决策或行动可能伤害谁？
8. 在你做决策之前，你能和受影响的当事人讨论该问题吗？
9. 你能自信你的观点在长时间内将和现在一样有效吗？
10. 你的决策或行动能问心无愧地透露给你的上司、首席执行官、董事会、家庭或整个社会吗？
11. 如果你的行动为人所了解，它的潜在影响力是什么？如果被误解，又将是什么？
12. 何种情况下，你将被允许有例外？

资料来源：斯蒂芬·P.罗宾斯，玛丽·库尔特.管理学［M］.中国人民大学出版社，2004:133.

二、发挥领导表率作用

高层管理人员在言行方面是员工的表率。天地是暂居的旅店，光阴是永远的过客。面对短暂的人生，很多人一旦小有成功就开始放纵欲望，忘记了穷困时的奋斗。作为企业的高层领导如果只顾贪图享乐，或者营私舞弊，把公司资源据为己有，那么这无疑向员工暗示，这些行为都是可接受的。

中国已故著名企业家杭州娃哈哈集团创始人宗庆后，曾对笔者谈起过网上议论他一次高铁坐二等座的事，他说这有什么稀奇，当年绿皮火车座位底下都睡过的。在我们团队于 2015 年 1 月 12 日在娃哈哈集团总部访谈宗庆后之后，宗总招待我们在公司食堂用餐，菜过几道之后，主食是每人一碗菜泡饭，我们是每人一小碗，而食堂员工放在宗总面前的是一大碗。宗总说他喜欢吃菜泡饭，每天都吃。我和他开玩笑，说："中国首富每天也就吃点菜泡饭！"宗总说他每天 7 点左右就到公司上班了，一直忙到晚上 8 点左右才回家，一天三餐都在公司食堂吃。

脚踏实地、认真奋斗，是绝大多数杰出企业家日常的真实写照，是其实现财富人生的一种精神，也为下属树立了良好的榜样。

第四章

中国管理智慧的沟通技巧——赋比兴传信息

　　中国是个有着5000年历史的文化古国，人杰地灵，英雄荟萃。多少风流人物在这个广阔纵深的舞台上淋漓尽致地一展身手，而其中又有多少人物是凭借着口才和良好的沟通得以成功的。中国很早便开始重视口头表达，以及人与人之间的沟通艺术，《尚书》中的《汤誓》《盘庚》等篇就已经出现了演讲的雏形，而沟通艺术的发展和提高，更多的是表现在人际互动、论辩和游说之类的活动中。在各种沟通活动中，集中表现了知识性、逻辑性、机智性和生动性。《论语》中把孔子弟子分为德行、政事、言语、文学四类，其中言语一类中就有宰我、子贡等人。由此可见，善于辞令，长于沟通，在孔门是作为专门学问来看待的。

　　中国管理智慧擅长用各种技巧的言语或行为达到很好的沟通效果。儒家的经典之一《诗经》所采用的巧妙表述方式就是赋比兴。中国人在沟通过程中，为了引起关注、表述难言之隐、给对方留足面子等，便会使用类似《诗经》中的赋比兴的表述，委婉表达自己的意思。

　　有学者做过研究，管理者每天的工作中，很大比例是在进行沟通，开会、打电话、发微信、做演讲、宴请、谈判，无不是在沟通，而且越是层级高的领导，沟通的工作越多。在管理中，沟通的力量不可小觑，不仅说是一种沟通，善于倾听也是沟通的重要一环。荀子言："赠人以言，重于金石珠玉；观人以言，美于黼黻文章；听人以言，乐于钟鼓琴瑟，故君子之于言无厌。"所以在管理智慧中，沟通极为重要。

　　春秋战国时期有一位著名的医生，他的名字叫扁鹊。有一次，扁鹊谒见蔡桓公，站了一会儿，他看看蔡桓公的脸色说："国君，你的皮肤有病，不治怕要加重了。"蔡桓公笑着说："我没有病。"扁鹊告辞走了以后，蔡桓公对他的臣下说："医生就喜欢给没病的人治病，以便夸耀自己有本事。"过了十天，扁鹊又前往拜见蔡桓公，他仔细看看蔡桓公的脸色说："国君，你的病已到了皮肉之间，不治会加重的。"蔡桓公见他尽说些不着边际的话，气得没有理他，扁鹊走后，蔡桓公还闷闷不乐。又过了十天，扁鹊再一次拜见蔡桓公，说："您的病在肠胃里了，不及时治疗会加重的。"蔡桓公又没有理他。扁鹊离开后，蔡桓公又不高兴了。再过十天，蔡桓公出巡，扁鹊远远地望见蔡桓公，转身就走。蔡桓公特意派人去问扁鹊为什么不肯再来谒见，扁鹊说："皮肤上的病，用药物敷贴可以治好；在皮肉之间的病，用针灸可以治好；在肠胃之间的病，服用汤药可以治好；如果病入骨髓，那生命就掌握在司命之神的手里了，医生是无法可想的了。如今国君的病已深入骨髓，所以我不能再去谒见了。"蔡桓公还是不相信。五天之后，蔡桓公遍身疼痛，连忙派人去找扁鹊，扁鹊已经逃往秦国躲起来了。不久，蔡桓公便病死了。

对于这则扁鹊的逸事，韩非子在他的《喻老》中已有评议，后人大都谴责蔡桓公的固执己见，讳疾忌医，终于自食其果。也有人用这则事例来说明扁鹊高超的医术。这些说法固然都有一定道理。但我们从沟通的角度来分析，扁鹊也有一定的责任，可以说这是扁鹊一次失败的沟通，他的劝治没有起到任何作用，不仅沟通无效果，反而延误了病情，导致蔡桓公的死亡，这样说恐怕也不算过分。语言是人们进行沟通的工具，医生给病人治病的过程也是沟通的过程，所以也要讲究语言沟通艺术，一个好的医生不但要有"救死扶伤"的高尚医德，有扎实的专业基本能力，而且要有较强的语言沟通能力，能够更好地动员患者配合诊断、治疗。中国管理智慧的沟通法则，借助于《诗经》美妙的言语与美的旋律得以在数千年的历史中演绎精彩纷呈的沟通故事，展现了中华文明特有的沟通艺术。

——

第一节　沟通的过程和方式

沟通贯穿管理的每一个阶段，它不仅影响到能不能顺利执行计划、能不能准确理解已经做好的决策，还最终决定了整个企业的绩效。人们每天大部分时间是花在开会、打电话、在线交流等沟通上，万科创始人王石说："我领导万科的秘诀，就是不断地沟通——与投资人、股东、经理和员工。"松下电器创始人松下幸之助说："企业管理过去是沟通，现在是沟通，未来还是沟通；管理者的真正工作就是沟通。"沃尔玛创始人山姆·沃尔顿说："如果必须将沃尔玛的管理体制浓缩成一种思想，那可能就是沟通。"不管到了什么时候，企业管理都离不开沟通。所以一个优秀的管理者也一定是一位非常有效的沟通高手，为了达到整个企业的共同目标，不断运用各种沟通方式与员工进行信息交流。中国管理智慧中，关于沟通的技巧非常丰富。

沟通是两个或两个以上的人或人群通过一定渠道传递可以理解的信息并最终形成信息交流的过程。沟通是管理的重要职能，它是一个持续的过程，只要管理在持续进行，沟通就在持续进行。

需要指出的是，有效的沟通并不是达成某种协议或者共识，而只是通过一定的方式准确地表达了各自观点，并对双方的观点准确地理解。例如，在无数次谈判中，我们都非常明白谈判对手传递的观点，但是我还是不赞同它，这个交流过程已经实现了有效的沟通，但却没有达成共识。中国的文化崇尚婉约，沟通双方一般不开门见山、直截了当地表达意见和想法。中国管理智慧中的沟通具有与西方不同的特色，那就是不直说，让沟通在较为模糊的状态下实现，正如《诗经》中的赋比兴一样，绕弯子把话说出来，需要信息接收者认真琢磨，悟出真谛。曾仕强对中国管理智慧的沟通给出了如下总结：中国人沟通有三大特色，一是有话不一定说出来；二是说出来可能含含糊糊；三是就算说得相当肯定，也不一定是真的。中国人为求"立于不败之地"，一方面主张"事无不可对人言"，一方面则倡导"逢人只说三分话"。任何人沟通时站在"事无不可对人言"与"逢人只说三分话"的范围之内，权宜以求其通，十分安全。

一、沟通的过程

沟通的过程指的是信息交流的全过程，它涉及信息发送者、信息接收者、沟通渠道、编码、解码、反馈六个要素（见图 4-1）。

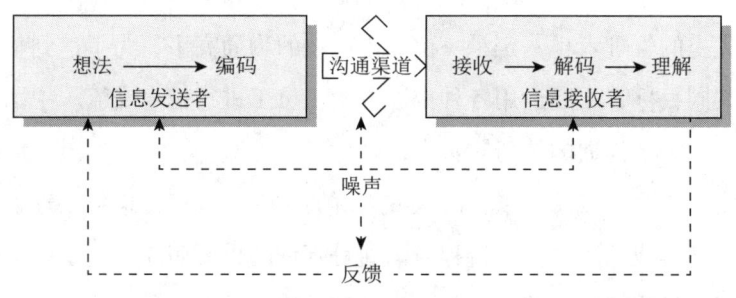

图 4-1　沟通过程模型

"信息发送者"是指拥有某个想法或主张，并希望将信息传达给另一方的人，他是沟通的主动者。"编码"是指信息发送者将自己拥有的想法和主张，按照接收方能够理解的信号进行转换的过程。例如将中文翻译成英语、将古文译成现代文、将设计思路转化为图画、将想法变为计算机语言等都是编码的过程。中国管理智慧的沟通，编码者为了使自己立于不败之地，在这个过程中可以把编码模糊化，让接收者都能接收到信息，又抓不到对编码者不利的东西。

中国人在沟通过程中，先要明白对方的个性。对方喜欢婉转，那就说话含蓄；对方喜欢直率，那就直截了当；对方崇尚学问，那就说有内涵之语；对方喜谈琐事，就多说家长里短。说话方式与对方个性相符，自然能一拍即合。根据对象的不同而采取不同的语言方式，才不会制造对立，产生麻烦。所以从这一点上来说，"见人说人话，见鬼说鬼话"就是看清沟通对象而采取有效的沟通方式，如果反之，"见人说鬼话，见鬼说人话"，那肯定起不到任何沟通效果。中国人在沟通中因人因事有很多不同之处，往往模糊之中有深意，迷雾之中见真知。这就是中国智慧中高超的沟通艺术。

唐高宗李治要立武昭仪为皇后，遭到了长孙无忌、褚遂良等元老大臣的反对。一天，李治又要召见他们商量此事，褚遂良说："今日召见我们，必定是为皇后废立之事，皇帝决心既然已经定下，要是反对，必有死罪，我既然受先帝的顾托，辅佐陛下，不拼死一争，还有什么面目见先帝于地下！"李勣（原名徐茂公）同长孙无忌、褚遂良一样是顾命大臣，他一直借口有病躲开讨论此事。究竟他怎么想，会倾向于哪一边？唐高宗心里没谱，于是这天，他把李勣召来了，试探他说："我要立武昭仪为皇后，长孙无忌、褚遂良等坚持反对，他们是顾命大臣，若是这样极力反对，此事也只好作罢了。"李勣觉得，反对皇帝自然是不行的，而公开表示赞成也是不好的，便说："这是陛下家中的事，何必再问外人呢！"这就是沟通中的圆滑之处。

"沟通渠道"是指连接信息发送者和信息接收者的通道。没有合适的通道，信息则无法传递，沟通也就无法完成。沟通的渠道有很多，可以是口头的如面谈、电话交谈等，也可以是书面的如备忘录、公告等，还可以是借助媒介的如计算机、互联网、电视等。

"信息接收者"是指接收并解释信息的个人。接收者将所收到的信息进行解码，以了解该信息的内涵。"解码"是指信息接收者将收到的信息，按照相应的方法还原成自己能够理解的信息的过程。编码和解码是产生沟通错误的潜在根源，因为知识、态度、心理及背景等因素的影响使人们在编码和解码中出现差错，便会使信息接收者产生一定的误解，从而影响有效的沟通。

有一个秀才去买柴，他对卖柴的人说："荷薪者过来！"卖柴的人听不懂"荷薪者"三个字，但是听得懂"过来"两个字，于是把柴担到秀才前面。秀才问他："其价如何？"卖柴的人听不太懂这句话，但是听得懂"价"这个字，于是就告诉秀才价钱。秀才接着说："外实而内湿，烟多而焰少，请损之。"卖柴的人因为听不懂秀才的话，担着柴走了。这个沟通就因为编码和解码的人身份不同，所用的话语体系不同，所以就完全失败了。用对方听得懂的语言进行沟通，是沟通成功的保障。如果一个人完全从自身的角度向其他人讲解自己的想法，效果一定不会好。沟通时，最好用简单易懂的言辞传达信息，而且对于说话的对象、时机要有所掌握，有时过分的修饰反而达不到想要完成的目的。在企业中，管理者因为可能学历较高，所接触的信息较多，所以在和员工进行沟通时，要注意用他们听得懂的话进行沟通。

"噪声"是在信息传递过程中，妨碍人们进行有效沟通的各种因素。例如：糟糕的环境和场所，模棱两可的符号而导致的编码错误，粗心大意导致的接收错误，由于用词和其他符号的错误造成的解码错误，妨碍理解和传达的各种心理活动，不同的文化和社会背景，手势和姿势蕴含的不同意思，等等。在通常的管理沟通中，要避免发生此类情况。而在中国管理智慧中，沟通双方有时会刻意在编码的信息中加入一定的噪声，有时候，在编码的过程中，还会设置一些"意在言外"的效果，从而使被编码的信息模糊化，需要解码者具有一定的智慧，悟出信息的真实含义。

"反馈"是检验信息沟通效果的再沟通，即信息接收者对信息发送者的信息做出反应。没有反馈的沟通是"单向式沟通"，有了反馈的沟通才是"双向式沟通"。反馈是能够增强沟通效果的强有力因素，因为反馈能够使信息发送者判断信息接收者是否正确理解了信息的内容，从而及时调整自己的信息发送，以便达到更好的沟通效果。

二、沟通的类型

"横看成岭侧成峰，远近高低各不同。"依据不同的划分标准，可以把沟通分为不同的类型。依据信息载体的异同，沟通分为语言沟通和非语言沟通；语言沟通又分为书面信息沟通和口头信息沟通。沟通的类型比较如表 4-1 所示。

表 4-1　沟通的类型比较

沟通方式	举例	优点	缺点
书面信息沟通	书信、报告、通知、公告、文件、电子邮件等	留下痕迹、容易核实、规范化	如果编码有误或者解码有误容易产生错误的沟通
口头信息沟通	座谈、研讨、访谈、命令、汇报、会议等	灵活、直接、简洁明了	口头表达能力不强时效果不好，容易产生误解
非语言沟通	身体语言（动作姿势、服饰仪态、空间位置），副语言，物体的操纵	适当的非语言沟通可以达到强化语言信息沟通的效果，更为生动活泼	一般单独使用非语言沟通形式效果不好，必须配合语言沟通

（一）书面信息沟通

书面记录具有有形展示、长期保存、法律防护依据等优点。一般情况下，发送者与接收者双方都拥有沟通记录，沟通的信息可以长期保存下去。如果对信息的内容有疑问，过后可以查询。对于复杂或长期的沟通来说，这尤为重要。一个新产品的市场推广计划可能需要好几个月的大量工作，以书面的方式记录下来，可以使计划的构思者在整个计划的实施过程中有一个依据，在已有基础上进一步发展。把东西写出来，可以促使人们对自己要表达的东西有更加认真地梳理和思考。因此，书面沟通显得更加周密，逻辑性强，条理清楚。书面语言在正式发表之前能够反复修改，直至作者满意。作者所欲表达的信息能被充分、完整地表达出来，减少了情绪、他人观点等因素对信息传达的影响。书面沟通的内容易于复制、传播，这对于大规模传播来说，是一个十分重要的条件。

当然，书面沟通也有自己的缺陷。相对于口头沟通而言，书面沟通耗费时间较长。同等时间的交流，口头比书面所传达的信息要多得多。事实上，花费一个小时写出的东西只需十五分钟左右就能说完。书面沟通的另一个主要缺点，是不能及时提供信息反馈。口头沟通能使接收者对其所听到的东西及时提出自己的看法。而书面沟通缺乏这种内在的反馈机制，其结果是无法确保所发出的信息能被即时接收到，即使被接收到，也无法保证接收者对信息的理解正好是信息发送者的本意。在中国古代书面沟通讲究行文如流水，具有文采。《诗经》中有脍炙人口的沟通方式，在诗意之中传达了情感，表明了想法。

《毛诗序》说:《诗经》有六义，分别是风、雅、颂、赋、比、兴。

风、雅、颂是《诗经》的体裁，赋、比、兴是《诗经》的表现手法。《毛诗序》对风、雅、颂做了说明，风是各诸侯国的地方诗歌，雅是周王朝中央所在地的诗歌，颂是祭祀天地或颂扬祖先宗庙的乐舞诗歌。其中最具沟通价值的是用赋、比、兴表现手法写成的风、雅。《毛诗序》肯定了《诗经》抒情的特点："上以风化下，下以风刺上，主文而谲谏，言之者无罪，闻之者足以戒，故曰风。至于王道衰，礼义废，政教失，国异政，家殊俗，而'变风''变雅'作矣。国史明乎得失之迹，伤人伦之废，哀刑政之苛，吟咏情性，以风其上，达于事变而怀其旧俗者也。故'变风'发乎情，止乎礼义。发乎情，民之性也；止乎礼义，先王之泽也。"意思是说："上面的（统治者）用'风'来教化下面的人（平民百姓），下面的人（平民百姓）用'风'来讽喻上面的（统治者），用深隐的文辞作委婉的谏劝，（这样）说话的人不会得罪，听取的人足可以警戒，这就叫'风'，至于王道衰微，礼义废弛，政教丧失，诸侯各国各行其政，老百姓家风俗各异，于是'变风''变雅'的诗就出来了。国家的史官明白政治得失的事实，悲伤人伦关系的废弛，哀怨刑法政治的苛刻，于是选择吟咏表达自己情感的诗歌，用来讽喻君上，这是明达于世上的事情已经变化，而又怀念旧时风俗，所以'变风'是发自内心的情感，但并不超越礼义。发于内心的情感是人的本性；不超越礼义是先王教化的恩泽犹存。"风、雅通过巧妙的书面语言，实现了上下之间的有效沟通，这种沟通表现得非常隐晦，不是特定的人与特定的人之间的沟通，而是群体心绪之间的交流。但有时也表现为两个对象之间的沟通，并且具有艺术和审美的沟通意境。如一个美男子向美女示爱，便唱："关关雎鸠，在河之洲。窈窕淑女，君子好逑。"意思是说："关关鸣春雎鸠鸟，在那河中小洲岛。姑娘文静又秀丽，君子求她结情侣。"

（二）口头信息沟通

绝大部分的信息是通过口头传递的。口头信息沟通方式十分灵活多样，它既可以是两人间的娓娓深谈，也可以是群体中的雄辩舌战；既可以是正式的磋商，也可以是非正式的聊天；既可以是有备而来，也可以是即兴发挥。口头信息沟通是所有沟通形式中最直接的方式。它的优点是快速传递和即时反馈。在这种方式下，信息可以在最短时间内被传送，并在最短时间内得到对方回复。如果接收者对信息有疑问，迅速反馈可使发送者及时检查其中不够明确的地方并进行改正。

语言的运用新鲜活泼，能绘声绘色、活灵活现地表现思想感情和客观事物，是语言艺术化的标志。在语言沟通中，语言是交流思想的主要工具，在运用有声语言表达思想感情的过程中必然要运用各种富有表现力与感染力的修辞格，使语言形象生动并艺术化。例如，某厂长分析产品情况时说："大家知道我厂产品质量很好，可为什么销路不好呢？我看是宣传工作没有做好，人家不知道你的产品好，怎么会买呢？再有就是售后服务不好……"如果不用设问的方式，还可以这样说："我厂产品销路不好，不是因为质量问题而是宣传工作和售后服务没搞好。"试比较这两段话，可明显看出来，后一段话虽与前一段话意思相同，但是感染力就差多了。

虽然口头沟通能辅之以神情、体态、手势等，加强沟通感染力和影响力，但是，口头信息沟通也有缺陷。信息从发送者一段段接力式传送过程中，存在着巨大的失真的可能性。每个人都以自己的主观偏好增删信息，以自己的理解和方式诠释信息，当信息经"长途跋涉"到达终点时，其内容可能与最初的含义存在重大偏差。如果企业中的重要决策通过口头方式，沿着权力等级链上下传递，则信息失真的可能性相当大。而且，这种沟通方式并不是总能省时，正如我们有些会议毫无结果，开和不开没什么区别那样，按照时间与费用而论，这些会议代价很大。

（三）非语言沟通

当一位作风专断的主管一面拍桌子，一面宣称从现在开始实施参与式管理，听众都会觉得这些言辞并非这位主管的本意。在言语只是一种烟幕，只是一种虚假信号的时候，非语言的信息却往往能够非常有力地传达"真正的本质"。皱皱眉头，拂袖而去，能够传递出许多真实且具有价值的信息。会议备忘录（甚至一字不漏的正式文件）使人读起来十分枯燥，因为它们抽去了非语言的线索，成为干巴巴的书面文章。据有关资料表明，在面对面的沟通过程中，那些来自语言文字的社交不会超过35%，换而言之，有65%是以非语言信息传达的。人们非常希望用非语言沟通的方式诸如面部表情、语音语调等，来强化语言沟通的效果，但也并不是总能做到这一点。显然，非语言沟通既能强化语言沟通的效果，也能起相反的作用，关键在于沟通人员对它的掌握和运用。非语言沟通内涵十分丰富，熟为人知的领域是身体语言沟通、副语言沟通、物体的操纵等。

身体语言沟通是通过动态无声的目光、表情、手势等身体运动或者是静态无声的身体姿势、空间距离及衣着打扮等形式来实现的沟通。人们首先可以借由面部表情、手部动作等身体姿态来传达诸如攻击、恐惧、腼腆、傲慢、愉快、愤怒等情绪或意图。举例而言，在你一日最忙碌的时刻里，有位职员来造访，讨论一个问题。你和他把问题解决之后，这位职员却站着不走，并把话题转向社会时事。在你的内心里，很希望立即终止这个讨论而继续工作，可是在表面上，你却很礼貌、专注地听着，然后，你把椅子往前挪了一下，并坐直了身子且整理你桌上的公文。不管这举动是潜意识的抑或故意的，它们都刻画出你的感觉并暗示这位职员"该是离开的时候了"，除非这位职员没有感觉或太专注于自己的话题，否则谈话很可能因彼此间的默契而结束。中国传统社会中，还有"端茶送客"的潜规则，当主人觉得谈话需要结束了，便端一端茶碗，客人就会心领神会，知趣地告辞了。

副语言沟通是通过非语词的声音，如重音、声调的变化、哭、笑、停顿来实现的。心理学家称非语词的声音信号为副语言。最新的心理学研究成果揭示，副语言在沟通过程中，起着十分重要的作用。一句话的含义往往不仅决定于其字面的意义，而且决定于它的弦外之音。语音表达方式的变化，尤其是语调的变化，可以使字面相同的一句话具有完全不同的含义。比如一句简单的口头语"真棒"，当音调较低，语气肯定时，"真棒"表示由衷的赞赏。而当音调升高，语气抑扬时，则完全变成了刻薄的讥讽和幸灾乐祸。除了运用身体语言外，人们也能通过物体的运用，环境布置等手段进行非语言的沟通。

下面是一个很自然地利用手头之物表明一个非语言沟通的案例。

三国时期，诸葛亮因错用马谡而失掉战略要地——街亭，魏将司马懿乘势引大军15万向诸葛亮所在的西城蜂拥而来。当时，诸葛亮身边没有大将，只有一班文官，所带领的五千军队，也有一半运粮草去了，只剩2500名士兵在城里。众人听到司马懿带兵前来的消息都大惊失色。诸葛亮登城楼观望后，对众人说："大家不要惊慌，我略用计策，便可叫司马懿退兵。"于是，诸葛亮传令，把所有的旌旗都藏起来，士兵原地不动，如果有私自外出及大声喧哗的，立即斩首。又让士兵把四个城门打开，每个城门之上派20名士兵扮成百姓模样，洒水扫街。诸葛亮自己披上鹤氅，戴上高高的纶巾，领着两个小书童，带上一张琴，到城上望敌楼前凭栏坐下，燃起香，然后慢慢弹起琴来。

司马懿的先头部队到达城下，见了这种气势，都不敢轻易入城，便急忙返回报告司马懿。司马懿听后，笑着说："这怎么可能呢？"于是便令三军停下，自己飞马前去观看。离城不远，他果然看见诸葛亮端坐在城楼上，笑容可掬，正在焚香弹琴。左面一个书童，手捧宝剑；右面也有一个书童，手里拿着拂尘。城门里外，20多个百姓模样的人在低头洒扫，旁若无人。司马懿看后，疑惑不已，便来到中军，下令后军充作前军，前军作后军撤退。他的二儿子司马昭说："莫非是诸葛亮家中无兵，所以故意弄出这个样子来？父亲您为什么要退兵呢？"司马懿说："诸葛亮一生谨慎，不曾冒险。现在城门大开，里面必有埋伏，我军如果进去，正好中了他们的计，还是快快撤退吧！"于是各路兵马都退了回去。

第二节　组织沟通

沟通按照主体的不同，可分为人际沟通、群体沟通、组织沟通、跨文化沟通等不同类型。组织沟通涉及组织特质的各种类型的沟通，它不同于人际沟通，但包括组织内的人际沟通，是以人际沟通为基础的。组织沟通一般来说，可以分为组织的对外沟通和组织内部沟通两大类。组织对外沟通包括各种公关广告、信息发布等。与中国管理智慧密切相关的沟通主要是指组织内部的沟通，包括各种正式和非正式的沟通形式。

一、正式沟通

组织内正式沟通是指组织内部或组织与组织之间按照正式安排的信息沟通渠道进行的人际沟通。比如组织中的例行会议，按正式组织系统发布的命令、指示、文件、电子邮件，上下级或同事间因工作而进行的正式交流等。正式沟通的形式与组织的结构密切相关，是组织内沟通的主要渠道。组织内正式沟通的优点有沟通效果好、比较规范、约束力强、形式严肃、易于保密等，可以使信息沟通保持权威性。重要的信息和文件的传达、组织的决策等，一般都采取这种方式。正式的人际沟通的缺点有中间环节多、传播路线刻板、沟通速度较慢、信息易损耗和失真等。

（一）正式沟通的信息流向

正式沟通指由组织内部明确的规章制度所规定的沟通方式，它和组织的结构息息相关，按照信息的流向可以分为下行、上行和横向沟通三种形式。

第一，下行沟通。下行沟通是指组织中信息从较高的层次流向较低层次的一种沟通，许多人认为下行沟通就是从管理人员流向操作工人的沟通，其实不然，很多下行沟通都发生在管理层内部，是指组织的上层管理者传送各种指令及政策给组织的下层工作人员。其中的信息一般包括：关于工作方面的各种指示；有关工作内容的描述；员工应该遵循的规则、章程、程序、政策等；有关工作人员绩效的反馈；要求员工从事某些活动、希望员工自愿参加的某些活动等。下行沟通的优点是，它可以使下级主管部门和团体成员及时了解组织的动向和领导的想法及意图，增加员工对所在组织的向心力与归属感。辅助协调组织内部各个层次工作人员的活动，强化组织原则和纪律性，维持组织的正常运转。下行沟通的缺点是，如果这种方式使用过于频繁，会在下属中造成领导者高高在上、独裁专横的不好印象，使下属产生一定的抵触情绪，影响组织的士气。此外，由于来自最高决策层的信息需要层层传递下来，很容易被耽误或者被搁置，也有可能出现传递信息被曲解、失真的情况。

下行沟通必须选择正确的沟通方式，否则容易产生沟通上的误解，或者引起下属的不安。下行沟通要尽可能考虑到下属的感受，照顾到下属的利益。下行沟通不畅，就会造成上情不能下达、组织执行力不足、凝聚力涣散。而且还会造成下属心情不舒畅。这时就需要展现你的领导艺术了，作为领导，你一定要提高自身城府，要有容人之量，给予下属支持，通过沟通给予下属必要的点拨和指导，使下属从沟通中获得帮助。

第二，上行沟通。上行沟通是指在组织中信息从较低层次流向较高层次的一种沟通。主要是下属依照规定向上级所提出的正式书面或口头报告、工作汇报等。除此之外，许多机构还采取某些措施以鼓励向上沟通，例如态度调查、征求意见座谈会、意见箱等。如果没有上行沟通，管理者就不可能了解职工的需求，也可能不知道自己下的指示或命令正确与否，因此上行沟通十分重要。上行有两种表达形式：一是层层传递，即依据一定的组织原则和组织程序逐级向上传递信息；二是越级传递，它指的是减少中间的传递层次，让高级管理者和组织成员直接对话。上行沟通的优点是：员工可以直接把自己的意见向领导者反映，获得一定程度的心理上的满足；领导者也可以利用这种方式了解企业具体的经营状况，与下属基层工作人员形成良好的关系，提高管理水平。其缺点是：在沟通过程中，下属因级别不同容易造成心理差距，形成一些心理障碍；害怕"穿小鞋"，受打击报复，报喜不报忧，不愿真实地反映意见。同时，上行沟通常常会有沟通障碍，例如秘书挡驾或形式限制，致使沟通效率不佳。有时，由于特殊的心理原因，经过一级一级的层层过滤，导致信息失真，可能出现适得其反的结局。

比较而言，下行沟通比较容易，领导者居高临下，甚至可以利用互联网、广播、电视等通信手段；自下而上沟通则比较困难一些，它要求基层领导者深入实际，具备一定的亲和力，不耻下问，及时了解情况。一般来说，传统的管理方式偏重于自上而下沟通，管理风格有专制倾向；而现代管理方式则是自上而下沟通与自下而上沟通并用，强调信息反馈，增加企业员工参与管理的机会，而且往往借助互联网达到这种效果。

第三，横向沟通。横向沟通指的是在组织系统中层次相当的个人及团体之间所进行的信息传递和交流。在企业管理过程中，横向沟通又可具体划分为四种类型。一是企业高级管理阶层与工会系统之间的信息沟通；二是高层管理人员之间的信息沟通；三是企业内各平级部门之间的信息沟通及中层管理人员之间的信息沟通；四是一般员工之间在工作和思想方面的信息沟通。

横向沟通具有很多优点：第一，它可以使办事程序、手续等得到简化，节省时间，提高工作效率；第二，它可以使企业各个部门之间增进相互了解，有助于培育整体观念与合作精神；第三，它可以增加职工之间的理解，培养员工之间的友谊，满足职工获得多方面信息的需要，提高员工的工作兴趣，改善员工的工作态度。其缺点表现在，横向沟通头绪众多，信息量过大，容易造成混乱；此外，横向沟通尤其是个体之间的沟通也可能成为员工发牢骚、传播小道消息的途径，造成涣散组织士气等消极影响。

（二）正式沟通的网络

不同的组织结构形成了多种多样的沟通网络模式，组织内正式沟通常见的网络类型主要有以下五种，即 Y 式（包括倒 Y 式）、轮式、链式、环式、全渠道式，如图 4-2 所示。

第一，Y 式沟通网络（Y Model Communication），也是纵向沟通网络，表示 4 个层次的组织体，两个领导分别通过一个下级，如秘书或一个部门与下面的中、基层管理人员逐级传递信息。这种沟通网络适用于企业规模较大、管理水平不高的大、中型企业。相似的还有一种倒 Y 式。这两种沟通网络的一个特点是作为"瓶颈"的这个人或这个部门一定要十分善于沟通，而且要忠诚可靠。因为处于这个地位的人可以获得最多的信息情报，因而往往会掌握真正的权力，容易成为核心人物，控制组织。这种形式集中化程度高，解决问题的速度快。但组织中成员的平均满意程度较低，易于造成信息曲解或失真，从而给组织带来不良影响。

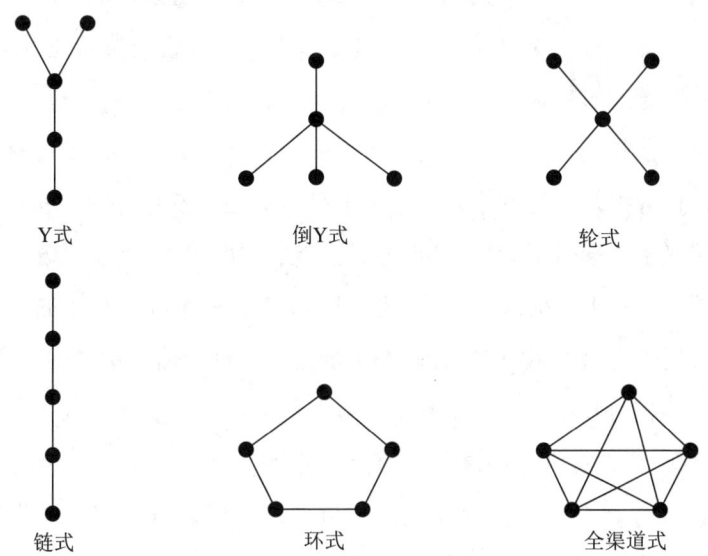

来源：苏勇、何智美编著《现代组织行为学（第3版）》，清华大学出版社，2021年版。

图4-2　正式沟通网络

第二，轮式沟通网络（Wheel Form Communication），表示一个领导者与4个下级沟通，但4个下级之间没有直接沟通，属于控制型网络。其中只有处于中心地位的领导者了解全面情况，并向下级发出指示，4个下级分别了解本部门的情况并向领导者汇报。在企业中，这种网络大体类似于一个主管领导直接管理几个部门的权威控制系统。这种沟通网络的优点是：集中化程度高，解决问题的速度快，中心领导者的预测程度高。其缺点是：沟通渠道少，平行沟通不足，组织成员的满意程度低，不利于提高士气。将这种沟通网络引入组织机构中，容易滋长专制之风。

第三，链式沟通网络（Chain Model Communication），属纵向沟通网络，表示一个有 5 个等级的组织体，信息逐级向上或向下传递，不能横向传递信息。成员只能与其相邻的成员交谈，处于链条两端的成员是最不利的，只能与一个邻居交谈。在这种形式中，传递信息的速度最快，解决简单问题的时效最高。但信息经层层传递与筛选，容易失真，各个信息传递者接收的信息差异很大，沟通面窄，每个成员满意度也有很大差距。在这种组织沟通网络中，上下信息交流是采取主管领导和底层部属无直接联系，通过中间层进行联系的方法。如果一个组织系统过于庞大，需要实行分层授权管理，链式沟通网络是一种行之有效的方法。"烽火"是我国古代用以传递边疆军事情报的一种通信方法，始于商周，延至明清，相习几千年之久，其中尤以汉代的烽火组织规模为大。在边防军事要塞或交通要冲的高处，每隔一定距离建筑一高台，俗称烽火台。高台上有驻军守候，发现敌人入侵，白天燃烧柴草以"烽烟"报警，夜间燃烧薪柴以"举烽"（火光）报警。一台燃起烽烟，邻台见之也相继举火，逐台传递，须臾千里，以达到报告敌情、调兵遣将、求得援兵、克敌制胜的目的。烽火传递信息就是一种链式沟通。中国人为了实现正式的链式沟通，在古代设置了驿站，最快一天能够把信息传递500 里（1 里 =500 米），唐玄宗时安禄山造反的消息只用了 6 天时间就传到了 2000 里外的唐玄宗那里。

第四，环式沟通网络（Ring Model Communication），是一个封闭式控制结构。它表示组织内有 3 个等级，第一级领导与第二级联系，第二级再分别与底层联系，底层工作人员可直接横向联系。这种网络形式允许成员与邻近的成员互相沟通，但与工作关系较远者无法沟通。环式沟通的优点是：组织内民主气氛较浓，团体的成员具有一定的满意度，横向沟通一般使团体士气高昂。其缺点是：组织的集中化程度和领导人的预测程度较低，畅通渠道不多，沟通速度较慢，信息易于分散，往往难以形成中心。如果在组织中需要创造出一种高昂的士气来实现组织目标，同时追求创新和协作，如组织中的决策机构、咨询机构、科研开发机构及小规模独立工作群体，适于采用环式沟通。

第五，全渠道式沟通网络（All Round Channel Communication）。在这类网络中，所有成员一律平等，可以自由地交换意见和信息，而不依靠中心人物来集中传递信息，每个成员之间都有一定的联系，是一个开放式的系统。它表示一个民主气氛很浓的领导集体或部门，其成员之间总是互相交流情况，通过协商进行决策。在企业中，一个民主气氛很浓或合作精神很强的团体或委员会之类的组织机构一般都采用这种网络模式。联想从2003年起在公司范围内实施了"隔级面谈"制度，就是要求所有管理者至少"向下看两级"，使自己对团队了解的深度和广度进一步扩大，同时也给员工提供一个越级反映问题的渠道。隔级面谈的形式强调"单独"和轻松，每次的面谈都是一对一的，而且地点不选在办公室，以便营造一个非正式的、放松的环境，使沟通双方能更加自如地进行交谈。联想的隔级面谈已经形成了一个完整的制度，并纳入了考核体系。类似的在惠普公司，总裁的办公室从来没有门，员工受到顶头上司的不公正待遇或看到公司出现问题时，可以直接提出，还可越级反映。这种文化使得人与人之间相处时，彼此之间都能做到互相尊重，消除了对抗和内讧。

全渠道式沟通的优点是每个成员之间可直接充分交流，没有层级和其他限制；成员之间是平等的，可自由发表意见，因而满意程度高，成员之间满意度差距很小；组织内士气高昂，合作气氛浓厚，个体有主动性，可充分发挥创新精神；弥补了环式沟通难以迅速集中各方面信息的缺陷。缺点是：沟通渠道太多，易造成混乱；集中化和主管人员的预测程度均较低；信息传递费时，影响工作效率。

各种沟通网络都有其优点和缺点，应根据组织的工作性质与员工特点，选择不同的沟通形式，因为各种沟通形式对组织内群体行为的影响是有差异的，如表4-2所示。

表4-2 不同形式的沟通网络对群体行为的影响

网络类型	解决问题速度	信息精确度	组织化程度	领导人的产生	士气	工作变化弹性
轮式	快	高	迅速、稳定	显著	低	慢
Y式、倒Y式	较快	较低	不一定	会易位	不一定	较快
链式	较快	较高	慢、稳定	较显著	低	慢
环式	慢	低	不易	不发生	高	快
全渠道式	最慢	最高	最慢、稳定	不发生	最高	最快

来源：苏勇、何智美编著《现代组织行为学（第3版）》，清华大学出版社2021年出版。

沟通网络代表一个组织的结构系统。一个组织要达到有效管理的目的，应该采取哪一种沟通网络，应视不同的情况而定。如果要求速度快，且易控制，则轮式沟通较好。在企业中，信息传递的速度与控制往往比士气与创造性更被重视。同时，轮式沟通网络中处于中心地位者因获取信息情报的来源多，具有掌控全局的权力，有充分的自信与自主权和责任感，心理上也较满足。如果要求团体有高昂的士气，则环式沟通比较理想，不过在一个大的沟通组织中，所有的人员都平等获取各种情报信息是不可能的，也是不必要的。在高层组织与委员会之类的小团体中，可以运用环式沟通网络，如果组织非常庞大，需要分层授权管理，用链式沟通比较有效。如果一个主管的自身工作非常繁重，需要有人协调、筛选信息，则宜采用倒Y式的沟通网络。总之，应结合组织的具体情况，从而确定适当的沟通网络。

（三）互联网沟通

互联网沟通是当今数字时代不可或缺的沟通手段，而且绝大多数组织把网络沟通作为最主要的沟通媒介。网络沟通包括电子邮件、博客、微信及其他，如钉钉等沟通软件。

我们想象一种情景：早上起床拿起手机点开某音乐 App，边放自己喜欢的音乐边洗漱；吃早餐的时候，刷一下朋友圈和新闻；上班挤地铁的空当，打开视频软件浏览几个小视频，偷着乐一下；到达办公室立刻打开邮箱查看今日待办事项，并根据重要程度回复邮件；晚上下班以前通过微信约上朋友，并通过某订餐软件预订好餐厅，然后和朋友一起去那家餐厅尝尝新上的菜品。毫不夸张，这是大部分上班族日常的缩影。借助信息技术的发展，我们每天通过各种各样的渠道可以接触到大量信息。移动电话、电子邮件、网络论坛、即时通信等成为信息发出和接收的媒介。

微信是如今应用最广泛的一款跨平台的通信工具，支持单人、多人参与，通过手机网络发送语音、图片、视频和文字，还可以用来进行货币支付。因为功能众多、使用方便、成本极低，微信已经成为当代人生活中不可或缺的一部分。

微信沟通也有一些要注意的问题。例如，时间太晚就不要再发微信；微信发送之前务必确认发送对象是否正确，微信内容是否妥当；在微信群里发言务必注意语气和措辞；回复微信一般也不要秒回，因为可能会带有情绪或对信息理解不清楚，可以过几分钟考虑清楚后再回复。

二、非正式沟通

正式沟通渠道以外的信息交流和传递属于非正式沟通，它不受组织监督管理，自由选择沟通对象、沟通渠道及沟通内容。例如团体成员私下交换想法，朋友聚会聊天，传播小道消息等都属于非正式沟通。非正式沟通是正式沟通的必要和有机的补充。在许多组织中，决策时利用的情报大部分是来自非正式信息系统传递所得。同正式沟通相比，非正式沟通往往更具有灵活性，且传播迅速，具有快速适应事态变化的特征，而且因为不受正式程序束缚，沟通对象也容易讲一些真话。非正式沟通减少了许多烦琐的程序，并且往往能提供大量的无法或难以通过正式沟通渠道获得的信息。

以往的管理理论中，对非正式沟通一般持排斥态度，认为非正式沟通对于形成组织想要的氛围是不利的，会对组织凝聚力产生不良作用。而现代管理理论则认为：一个组织中非正式沟通客观存在，想要阻止是不可能的，而且只要我们运用管理智慧，对非正式沟通引导得当，会对组织氛围、人际关系乃至企业文化起到良好的作用。

（一）非正式沟通的网络

非正式沟通的途径非常繁多且无定型，因而在美国人们用"葡萄藤"（grapevine）来称呼非正式沟通的网络，用以形容它的枝繁叶茂、随处延伸。这种藤式网络把所有员工联系起来，从总裁到中层管理者、支持性参谋人员和直线员工等无所不包，戴维斯把非正式沟通网络归纳为下列四种形态：单线式、辐射式、偶然式、集束式，如图4-3所示。

①单线式沟通网络，以"一人传一人"为特征，最强调非正式沟通的保密性，信息按照最亲密的人际关系进行单线传递，最后终止于某个人，如果传递的时间足够长，往往使传递的信息成为一种不公开的秘密。②辐射式沟通网络，以"一人传多人"为特征，沟通中有一个主要的信息源，他主动将某些信息进行广泛的传播，以扩大信息的影响力。③偶然式也称随机式沟通网络，它的传播以偶然的方式进行，传播的对象选择性较差。此外，还有一些"道听途说者"。④集束式沟通网络，

信息的传递以几个人为传递中心，这些中心人物有选择地将信息转达给他的朋友或相关的人。这是非正式系统中最普通的沟通形式。

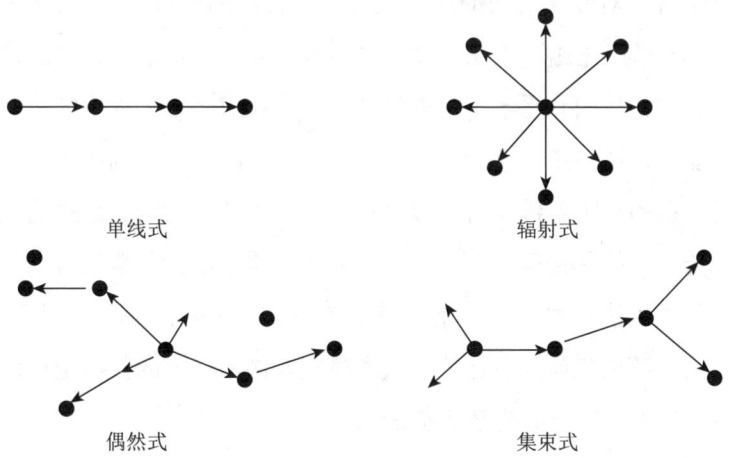

单线式　　　　　　　　　　　　　　辐射式

偶然式　　　　　　　　　　　　　　集束式

来源：苏勇、何智美 编著《现代组织行为学（第 3 版）》，清华大学出版社 2021 年版。

图 4-3　非正式沟通的四种形态

人们习惯将非官方发布，道听途说的消息和传闻，称为小道消息。小道消息能非常迅速地从四面八方向整个组织传送信息，构成典型的簇式传播链，一些人积极地向其他人传送。正式渠道的信息发布需要一定的批准程序和过程，好奇心的驱使、利益的驱动、小团体的需要、个人虚荣心的满足，都会使人们在第一时间、利用最快速度将未经考证的小道消息向外以加速度传播，特别是电子邮件、BBS、博客、微信等新媒体的出现，扩大了围绕簇的人群和范围，增强了传播速度和传播效果。

人们常常认为小道消息来自搬弄是非者的好奇心，其实并非如此。小道消息往往是某种模棱两可的情境引起人们焦虑情绪的行为反应。如在大型组织中保密性和竞争性是司空见惯的，对诸如新上司的任命、部门的调整、工作任务的重新安排这些事来说，都有利于小道消息的滋生和传播。如果小道消息背后，人们的愿望和期待得不到满足或焦虑得不到缓解，那么它会一直传播下去。

有学者曾对 6 家公司的 30 条小道消息做过分析研究，其中有 9 条属实，16 条全无根据，5 条有些根据但有歪曲。小道消息传播的途径都是非正式的，故而几乎不可能查出其来源。在每一个机构中的每一位成员都可能在传播小道消息中扮演一个角色，有的是消息制造者，有的是传播者，有的只听不传，有的夸大扩散。由于非正式沟通传送消息大多是口头传播，故其传播速度极快，也易于迅速消散，一般没有永久性的沟通网络结构和成员。小道消息有三个特点：第一，不受管理层控制；第二，大多数员工认为它比管理层通过正式沟通渠道的传播更可信；第三，它在很大程度上有利于人们的自身利益。

由此可见，非正式沟通中的小道消息在任何群体或组织中都是重要的组成部分，值得我们认真了解并正确对待。它表明了有一些员工认为很重要的事情，管理者如果不及时并详尽透彻地说明，反而会激起员工的焦虑感。因此，小道消息具有过滤和反馈双重机制，它使我们认识到哪些事情员工认为很重要。非正式沟通不受组织机构的监督和限制，可以提供正式沟通中难以获得的某些信息，也可以获取人们的真实思想和意图。管理者应对非正式沟通网络加以正确的引导和利用，以补充正式沟通网络的不足。

（二）非正式沟通的作用和对策

非正式沟通的优点是，沟通形式不拘一格，直接明了，速度较快，容易及时了解到正式沟通难以提供的内幕消息。非正式沟通能够发挥作用的基础，是组织中良好的人际关系。其缺点表现在，非正式沟通很难控制，传递的信息有时不准确，易于信息失真，而且，它可能导致小集团、小圈子的形成，也可能影响人心稳定和组织的凝聚力。

此外，非正式沟通具有以下几个特点：第一，消息越是新鲜，人们谈论的就越多；第二，对人们工作有影响的事情，最容易招致人们谈论；第三，最为人们所熟悉的事情，最多被人们谈论；第四，在工作中有关系的人，往往容易被牵扯到同一传闻中去；第五，在工作上接触多的人，最可能被牵扯到同一传闻中去。对于非正式沟通这些规律，管理者应该予以充分注意，以杜绝起消极作用的小道消息，应利用非正式沟通为组织目标服务。

第三节　赋比兴的中国式沟通

赋、比、兴的提法，最早见于《周礼·春官·大师》，与风、雅、颂一起合称为"六诗"。当代学者在前人研究的基础上，进行了广泛的研究，已经取得了基本一致的看法：风、雅、颂是《诗经》乐歌编排的分类，以乐调而得名；赋、比、兴则是《诗经》所采用的三种基本表现手法。尽管在具体的作品中，赋、比、兴三种手法常常融汇交错在一起使用，但是三者无疑有其各自不同的表现特征及功用。

一、赋的沟通方式

赋的涵义，基本上如朱熹所说："赋者，敷也，敷陈其事而直言之者也。"（《诗集传》）即直接抒发情感，叙述事物，描写景色，铺陈情节。赋是《诗经》中最基本而且运用最多的一种表现手法；"《诗经》多赋，在比兴之先。"（孔颖达《诗大序疏》）《诗经》中赋的运用，更有多种不同的表现，达到不同的效果。在现代管理过程中，这种沟通模式彰显了中国式的沟通特色。

（一）直抒胸臆

这是《诗经》抒发感情最常用的形式。试看《郑风·褰裳》首章："子惠思我，褰裳涉溱。子不我思，岂无他人？狂童之狂也且！"意思是说："你若爱我想念我，就提衣襟度溱来。你若不想我，岂无他人爱？傻小子呀真傻态！"描写了一个恋爱中的少女向男友袒露心迹，大胆泼辣又有几分调皮。这种直抒胸臆的赋的手法，一般是不曲折，不隐晦，直截了当地倾诉内心的丰富想法和喜怒哀乐；而且往往能做到形象丰满、感情充沛，直接唤起对方的共鸣。

在沟通过程中，如果事情比较紧急，对方没能准确了解正式情况，事情非常重要，攸关双方的核心利益，在这类场景下，直抒胸臆往往是最好的沟通方式，例如历史上著名的毛遂自荐就是一个范例。

战国时，秦军在长平一线，大胜赵军。秦军主将白起，领兵乘胜追击，包围了赵国都城邯郸。大敌当前，赵国形势万分危急。平原君赵胜奉赵王之命，去楚国求兵解围。平原君把门客召集起来，挑选20个文武全才的门客一起去。经过挑选，最后还缺一个人。门下有一个叫毛遂的人走上前来，向平原君自我推荐说："听说先生将要到楚国去签订'合纵'盟约，约定与门客二十人一同前往，而且不到外边去寻找。可是还少一个人，希望先生就以毛遂凑足人数出发吧！"平原君说："先生来到赵胜门下几年了？"毛遂说："三年了。"平原君说："贤能的人处在世界上，就好比锥子处在囊中，它的尖梢立即就要显现出来。如今，你在赵胜的门下已经三年了，左右的人对你没有称道，赵胜也没听到赞语，这是因为先生没有什么才能的缘故。所以先生不能一道前往，请留下！"毛遂说："我不过今天才请求进到囊中罢了。要是我早就处在囊中的话，就会像锥子那样，整个锋芒都会露出来，不仅是尖梢露出来而已。"平原君终于带毛遂一道前往。

毛遂自荐成功的原因是：第一，事情重大且急迫；第二，平原君一时找不到合适的人选；第三，毛遂直抒胸臆本身就彰显了其勇气和才华。因此，毛遂通过自荐而被选中，被选中后的表现也确实如其所述，说明自荐需要有真本领作为后盾；否则自荐把事情搞砸了，就要承担巨大的责任。

（二）意在言外

用赋的手法抒情，不仅可以直陈心迹，还可以做到意在言外，达到蕴藉委婉、耐人寻味的艺术效果。如《周南·卷耳》首章，描写一个少女采卷耳，好半天也采不满筐，干脆把筐子搁在路边，"嗟我怀人"去了。诗文如下："采采卷耳，不盈顷筐。嗟我怀人，置彼周行。"意思是说："采了又采卷耳菜，采来采去不满筐。叹息想念远行人，竹筐放在大路旁。"这么一个普通的细节，表现出女主人公心不在焉、神思恍惚的情态。而这一章只是序曲，后三章便以复沓的形式，反复咏唱了"怀人"的主题。正如刘熙载所说：《周南·卷耳》四章，只'嗟我怀人'一句是点明主意，余者无非做足此句。赋之体约用博，自是开之。"（《艺概·赋概》）然而，《卷耳》作者在"做足此句"时，却显得颇费匠心、别具一格。本是写"我怀人"，却不直写，而是倒转来写人怀我，即写对方思念自己。后三章全是少女想象中的情景，写她的心上人在艰辛跋涉中如何怀念自己。诗文如下："陟彼崔嵬，我马虺隤。我姑酌彼金罍，维以不永怀。陟彼高冈，我马玄黄。我姑酌彼兕觥，维以不永伤。陟彼砠矣，我马瘏矣，我仆痡矣，云何吁矣。"意思是说："登上高高的石山，我的马儿已困倦。我且斟满铜酒杯，让我不再常思念。登上高高的山冈，我的马儿多踉跄。我且斟满斗酒杯，但愿从此不忧伤。登上高高的山头，我的马儿已难行。我的仆人疲困不堪了，多么忧伤啊。"这样反客为主，通过想象对方如何思念自己，更反衬出自己对对方那压抑不住的悠长思念，从而表现了两人心心相印的深挚情感。正所谓"一种相思，两处闲愁"（李清照《一剪梅》）。《诗经·豳风·东山》第三章，也是以"妇叹于室"，插入了思妇怀念征人的描写。这种写法，不仅达到了"笔以曲而愈达，情以婉而愈深"（方玉润《诗经原始》卷六）的艺术效果，还表明《诗经》在用赋的手法抒发感情时，并不止于简单的平铺直叙，而是力图尝试别具一格的"双向对流"的抒情方式。言外之意的用法在沟通过程中也时常取用，能够达到效果且不明说，可以达到给对方面子的目的，或者达到不直接批评的效果。

我们通过《红楼梦》中言外之意的对话来说明在沟通过程中如何运用这种沟通方式。

如《红楼梦》第三十回：黛玉听见宝玉奚落宝钗，心中着实得意，才要搭言，也趁势取个笑儿，不想靓儿因找扇子，宝钗又发了两句话，她便改口说道："宝姐姐，你听了两出什么戏？"宝钗因见黛玉面上有得意之态，一定是听了宝玉方才奚落之言，遂了她的心愿。忽又见她问这话，便笑道："我看的是李逵骂了宋江，后来又赔不是。"（话语①）宝玉便笑道："姐姐通今博古，色色都知道，怎么连这一出戏的名儿也不知道，就说了这么一套。这叫作《负荆请罪》。"宝钗笑道："原来这叫'负荆请罪'！你们通今博古才知道'负荆请罪'，我不知什么叫'负荆请罪'。"（话语②）一句话未明说，宝玉、黛玉二人听了这话，却把脸羞红了。凤姐在这些上虽不通，但只看他三人的情形，便知其意，也笑问道："这们大热的天，谁还吃生姜的。"凤姐故意用手摸着腮，诧异道："既没人吃生姜，怎么这么辣辣的呢？"宝玉、黛玉二人听见这话，越发不好意思了。

我们做一些分析：第一步：宝玉、黛玉发现宝钗话语①的回答不是戏名，而是关于戏的具体内容。可以判断宝钗话语①中有言外之意。第二步：在话语②中，宝钗说自己不知道这个戏名，这显然是不真实的，以薛宝钗的学识不可能不知道这出戏名，因此，话语②和话语①一样都是话里有话。第三步：进一步推导出言外之意具体指的是什么，宝黛二人所依赖的是共有背景知识（语境要素）：宝黛因"金玉之说"和提亲之事发生了口角，后来，宝玉又亲自向黛玉赔不是，可以推导出宝钗真实的意图是讽刺和挖苦他们两个曾经亲自导演出了"负荆请罪"这样一场闹剧。从这个例子中我们可以看到交际双方所共有的背景知识是推导言外之意的一个重要语境要素，缺少了它，受话人对话语的理解也只能停留在意识到"话中有话"，却百思不得其解的状态，就如文中最聪明的凤姐也是如此。

（三）叙事生动

赋的基本功用之一就是叙事。《诗经》的叙事诗比重不大，成就也不如抒情诗高，但却颇有特色。如《大雅》中的《生民》《公刘》等以朴实的语言叙述了祖先们开创基业的历史，如《生民》中："厥初生民，时维姜嫄。生民如何？克禋克祀，以弗无子。履帝武敏歆，攸介攸止，载震载夙。载生载育，时维后稷。"意思是说："当初先民生下来，是因姜嫄能产子。如何生下先民来？祷告神灵祭天帝，祈求生子免无嗣。踩着天帝拇指印，神灵佑护总吉利。胎儿时动时静止，一朝生下勤养育，孩子就是周后稷。"

一些短小的描写日常生活的叙事诗，更是写得形象生动，情趣盎然。如《郑风·溱洧》就是记叙古代郑国上巳节青年男女自由寻找游伴，尽情享受青春欢乐的趣事，中间插入少男少女们的对话，使场面更为活泼，人物形象更为生动，更充满生活气息。例如《溱洧》中："溱与洧，方涣涣兮。士与女，方秉蕑兮。女曰观乎？士曰既且，且往观乎！洧之外，洵訏于且乐。维士与女，伊其相谑，赠之以勺药。"意思是说："溱河，洧河，春来荡漾绿波。男男女女，手拿兰草游乐。姑娘说：'去看看？'小伙说：'已去过。''请你再去陪陪我！'洧河那边，真宽敞，真快活。男男女女，互相调笑戏谑，送一支芍药订约。"有的诗则干脆用人物对话组成，用对话来铺叙故事，表现人物。例如《郑风·女曰鸡鸣》："女曰鸡鸣，士曰昧旦。子兴视夜，明星有烂。将翱将翔，弋凫与雁。弋言加之，与子宜之。宜言饮酒，与子偕老。琴瑟在御，莫不静好。知子之来之，杂佩以赠之。知子之顺之，杂佩以问之。知子之好之，杂佩以报之。"意思是，女说："公鸡已鸣唱。"男说："天还没有亮。不信推窗看天上，明星灿烂在闪光。""宿巢鸟雀将翱翔，射鸭射雁去芦荡。""野鸭大雁射下来，为你烹调做好菜。佳肴做成共饮酒，白头偕老永相爱。"女弹琴来男鼓瑟，和谐美满在一块。"知你对我真关怀呀，送你杂佩答你爱呀。知你对我体贴入微呀，送你杂佩表达谢意呀。知你爱我是真情呀，送你杂佩表同心呀。"通过一对夫妇清晨的相互问答，叙述了他们恩爱和美的生活情景。

语言的运用新鲜活泼，能绘声绘色、活灵活现地表达思想感情和客观事物，是语言艺术化的标志。在语言沟通中，语言是交流思想的主要工具，在运用有声语言表达思想感情的过程中必然要运用各种富有表现力与感染力的修辞方法，使语言形象生动并艺术化。幽默是语言的深刻哲理、趣味性、说服力和生动浅显的表达技巧的高度结合，常常可以使语言沟通产生特殊的积极结果。例如，王某是一家公司的白领，由于家离公司较远，加之路途堵车严重，一连迟到多次，受到公司经理的警告说："你不要以为自己有什么才华，今后再迟到我就炒你的鱿鱼！"不幸的是她向经理信誓旦旦保证不再迟到，结果没过一星期，又因为路上塞车迟到了 20 分钟。待她走进办公室时，经理早已满脸愤怒地坐在那里恭候她。平日活泼洒脱的王某，见此情形就知道大难临头。但迟疑一会儿后，只见她稍微镇定了一下，大大方方地走向前去对经理滑稽地鞠了一躬，然后指着自己的位子一本正经地说："经理阁下，我知道这位子半小时前是没有人的，我能否作为捷足先登者，申请这个位子的占有权？"话音刚落，全办公室的人都哄堂大笑，经理也只好强忍着笑容指着桌子说："希望你珍惜自己申请的这个位子的所有权啊。"在这个事例中，王某和她的经理都是胜利者，王某利用自己的机巧和智慧缓和了现场的气氛，并争取到了其他员工的同情，让经理虽嫌勉强，但还是卖给了她一个人情，因而她逃过了一场厄运。从经理的角度看，他不仅巧妙地接过了王某踢过来的"球"，顺水推舟，给了王某一次机会，显示了自己的宽容大度；还成功地维护了自己的尊严，最后他的话传达给王某的信息非常明显，以后这样的机会没有了。

（四）以形传神

《诗经》的赋手法运用于叙事状物时，尤其注意到形象性的描写。有时还能做到以形传神，形神俱现。如《大雅·大明》中对牧野大战的一段描写："牧野洋洋，檀车煌煌，驷騵彭彭。维师尚父，时维鹰扬……"读着这样的诗句，眼前不禁浮现出远古时代牧野莽原上，战车雷鸣、战马奔腾的惊心动魄的大决战场面，以及大将尚父如雄鹰般飞扬冲入敌阵的威武英姿。又如《卫风·伯兮》第二章："自伯之东，首如飞蓬。岂无膏沐？谁适为容！"意思是说："自从丈夫东行后，头发散乱像飞蓬。膏脂哪样还缺少？为谁修饰我颜容！"作者用"首如飞蓬"这一外在容貌的描绘，十分传神地表现了一位独守空房、无心打扮的妇人形象；再以妇人"岂无膏沐？"的强烈反问（这是一种由里而外的形象显现），强化了她对夫君那专注而深挚的感情。短短数语，写得形神俱佳，声情并茂。

在管理沟通过程中，以形传神还不够，还要做到形神并茂，不仅仅是语言，动作、表情等非语言往往更能传出让人信服的信息。

《唐祝文周四杰传》中描述唐伯虎趁机向丫鬟秋香求婚时的情形。秋香当下笑着说道："解元爷你要我面许终身，我有一个哑谜儿呢，我的灯谜不写在字条上，只向你做几个手势。你猜破以后便知道我允许不允许。"唐寅道："请教请教。"秋香伸着纤手向上一指，向下一指，向自己心口一指，又把手儿摇这几摇。便道："快猜快猜。"秋香的意思是暗示着上有天，下有地，这是邪心，不可不可。但唐寅见了这手势便道："妙极了。向天一指，'在天愿作比翼鸟'；向地一指，'在地愿为连理枝'；向心一指，'我和你心心相印'；摇手儿便是，'长相思毋相忘'。"

从这个故事可以看出，肢体语言虽然比较简洁传神，但由于沟通过程中具体成员的主观意识不同，想要表达的意思和理解会因为主观原因和有意或无意对肢体语言理解的偏差，导致最后发送的编码和接收的编码产生差异。

一个人的肢体语言同说话人的性格、气质是紧密相关的。爽朗敏捷的人和内向稳重的人的手势和表情肯定是有明显差异的。每个人都有自己独特的肢体语言，它体现了个性特征。人们时常从一个人的形体表现来解读他的个性。人们运用言语来沟通思想、表达情感有时往往有词不达意或词难尽意的感觉，因此需要同时使用非语言行为来进行帮助或弥补言语的局限，或对言辞的内容加以强调，使自己的意图得到更充分更完善的表达，尤其是在演讲时，必要的手势和身体语言会收到意想不到的杰出效果。

（五）寓情于景

南朝文学家丘迟撰写的《与陈伯之书》就是通过寓情于景、情景交融的描写手法，实现了与陈伯之的完美沟通，最后陈伯之带着军队归降了。

"暮春三月，江南草长，杂花生树，群莺乱飞。见故国之旗鼓，感平生于畴日，抚弦登陴，岂不怆悢！所以廉公之思赵将，吴子之泣西河，人之情也，将军独无情哉？想早励良规，自求多福。"意思是说：暮春三月，在江南草木已生长起来，各种各样的花朵竞相开放，一群一群的黄莺振翅翻飞。（如今与梁军对垒）您每当登上城墙，手抚弓弦，远望故国军队的军旗、战鼓，回忆往日在梁的生活，岂不伤怀！这就是（当年逃亡到魏国的）廉颇仍想做赵国的将帅，（战国时魏将）吴起曾望着西河哭泣的原因，都是（人对故国的）感情。难道唯独您没有（这种）感情吗？切望您能早定良策，自己弃暗投明。

晚唐诗人黄滔所写的《秋思》，常被人误为山水诗，其实蕴含了诗人浓厚的感情。"碧嶂猿啼夜，新秋雨霁天。谁人爱明月，露坐洞庭船。"诗句很简单，共20字，意思似乎也很简单，是描写洞庭湖的美景的，新秋雨后，皓月当空，充满了诗情画意。而结合当时诗人的具体情况细读此诗，就会感知诗句后面的含义：诗人坐船经过洞庭湖，通过夜闻猿啼声，引发了诗人的愁绪，再用"雨霁天"，逼着诗人走出舱外，然后通过"谁人爱明月"的反问，非常含蓄地用洞庭湖的月色之美反衬出诗人内心的漂泊之苦。

二、比的沟通方式

比即比喻，《诗经》中运用最为广泛的比喻形式就是用喻词把喻体连接起来。《大雅·常武》的诗句："如江如汉，如山之苞。如川之流，绵绵翼翼。"意思是说："势如江汉水汹涌，如山之基难动摇，如川之流滚滔滔，军营绵绵排列齐。"用山峦的繁茂与水流的奔涌来形容军旅的声威气势。用喻词把本体与喻体连接起来，喻体具体可感的形象性，就通过喻词转移到本体上，从而增强了本体的艺术感染力。《诗经》有时对喻体进行了拟人化的处理，如《曹风·蜉蝣》就把醉生梦死的贵族比拟成羽翼美丽却朝生暮死的蜉蝣。

在特定场景的沟通中，比的手法往往能起到超强的效果。三国时期，曹操去世后，长子曹丕继承了魏王的职位，对其亲弟弟曹植耿耿于怀，想找个借口杀掉他。世传曹植善于写诗，命令他在七步之内写一首诗，描述他们兄弟之间的状况。曹植借助比兴，在七步之内完成了著名的《七步诗》，准确地描述了他们之间的兄弟状况。

《七步诗》："煮豆持作羹，漉菽以为汁。萁在釜下燃，豆在釜中泣。本自同根生，相煎何太急？"《七步诗》纯以比兴的手法成句，语言浅显，寓意明畅，无须多加阐释，其意自明。它巧妙地运用了比喻和拟人的修辞手法，表达了曹植对手足相残的悲愤，同时也发出了理直气壮的斥责。

《庄子》一书中也同样用到了很多比喻的手法，来表达自己的见地。庄子有个朋友惠施，是当时名家的代表人物，其学识也十分渊博，家中的藏书据说有五车之多。惠施原先隐居不仕，后来耐不住寂寞，应聘到魏国当了魏惠王的相国。到了春暖花开的季节，庄子因好久未见到惠施了，便上魏国去看望他的这位朋友。可当庄子刚跨进魏国边境，有人就对惠施说，庄子名声大，本领又高，这次他来魏国，是不是想抢你的相国位置啊？惠施听了这话十分害怕，马上在全国发布戒严令，让士兵们搜查庄子，而且竟一连搜了三天三夜。庄子知道此事后非常生气，他自动前去见惠施。一见面便说，你知道吗？南方有一种鸟名叫凤凰。这凤凰从南海起飞，飞向北海，一路上不是梧桐树不停下来休息，不是竹不吃，不是甘泉不喝。可这时有只猫头鹰，逮到了一只腐烂的耗子，看到凤凰从头顶上飞过，就抬起头来瞪着凤凰喊道："哎，别来抢我的老鼠。"相国大人，现在你也想抓住魏国来对我这样喊叫吗？庄子借用这个寓言，把惠施比作那只眼光短浅、气量狭小的猫头鹰，而把自己比作择木而栖、择食而食的凤凰，道出了自己胸怀远大的志向，绝不会贪恋这个区区相国之位，同时又形象而辛辣地讽刺了惠施不讲友情、气度狭小、目光短浅的行为。惠施听闻这一席话，赶紧向庄子认了错。

三、兴的沟通方式

兴是先言他物以引起所咏之词，即是在诗中先提出某一事物，再由此引出所要表达之物。唐代孔颖达所说的："举草木鸟兽以见意者，皆'兴'辞也。"（《毛诗正义》）释皎然更说："取象曰比，取义曰兴，义即象下之意。"（《诗式》）可见，兴不仅表明兴句与下文之间有某种意义相连，而且兴句本身也寄寓着某种意义。这里所谓的"意义"，可指某种政治寓意或社会义理，但更多时候是指某种情感、情意。情与兴具有密切关系，可以说，《诗经》的兴，是与诗人思想感情的抒发密切相关的；或者说，兴主要是通过物我关系来表现人们的思想感情。如关于《周南·关雎》中"关关雎鸠，在河之洲"，可见与下文的"窈窕淑女，君子好逑"的真挚爱情有意义相关。

在中国，人们在沟通时常常用起兴的方式，表现为见面先寒暄几句，再步入话题。这样起到的沟通效果比较好，通过寒暄温暖了沟通的氛围，拉近了沟通者彼此的关系，沟通起来就容易得多。

例如，领导找你谈话布置任务，例如要派你出差等，往往先和你聊一些家务事。"你儿子小学毕业了吗？""家里最近老人可好？"之类的话，寒暄几句后开始步入正题，希望你能为了公司业务拓展去外地出差一段时间。前面的嘘寒问暖一方面是了解你的情况，更是为后面的主题做一些铺垫。

第五章

中国管理智慧的知行之道——灵活圆通原则

知行关系是中国传统管理思想的重要关系。中国古代的智者对于知与行的先后、轻重、难易进行辨析探讨，到了明代有位大儒王阳明，他认为知行必须合一，不分先后，知行并进。基于中国传统的知行观，中国管理智慧中形成了灵活圆通的为人处世原则。"求木之长者，必固其根本；欲流之远者，必浚其泉源"。

陈平在当初投奔汉王刘邦的时候，曾发生过一宗险事。

那是春夏之交的一天中午，碧绿的田野一片寂静。这时从楚王项羽的军营里走出一个人，身穿将军服，佩带一把宝剑，警戒地四下看看，顺着田间小路，急匆匆地向黄河岸边赶去，这个人就是陈平。他准备偷渡黄河去投奔汉王刘邦。

陈平赶到河边，轻声叫来一艘渡船。只见船上有四五个人，都是粗蛮大汉，脸上露出凶相。当时陈平早已觉察到，上这条船有些不妙，但又没别的去路。他担心误了时间，楚兵会很快追赶上来，只好上了船。

船只慢慢离开了岸，陈平总算松了口气，但他敏锐地观察到，船上这几个人在窃窃私语，相互递着眼色，流露出不怀好意的举动。

"看来是个大官，偷跑出来的。"

"估计他怀里一定有不少珍宝和钱，嘿嘿。"

坐在舱内的陈平听到船尾两个人这样低声议论，并发出阴险的笑声。他不禁有些紧张，心想："他们要谋财害命！我身上没有什么财物和珍宝，只有一把剑，肯定敌不过他们。如何安全地摆脱危险的困境呢？"

这时船到了河中央，速度明显减缓了。

"他们要下手了，怎么办？"陈平在上船时已想到一个计策。

他从船内站起来，走出船舱说："舱内好闷热啊！热得我都快要出汗了。"

陈平边说边佯作若无其事地摘下宝剑，脱掉外衣，放在船舷上，并伸手帮他们摇船。这一举动，出乎那几个人的预料，使他们一时不知道该怎么办才好。陈平很用力地摇船。过了一会儿，他又说："天闷热，看来要下一场大雨了。"说着，又脱下一件上衣，放在那件外衣之上。过了一会儿，再脱下一件。最后，他索性脱光了上衣，赤着身子，帮他们摇船。

船上那几个人，看见陈平没有什么财物可图，就此打消了谋害他的念头，很快把船划到了对岸。

陈平在这样的情况下，以他一介文士的身份，不论是向船家极力辩解还是凭一时血气之勇拔剑与船家展开搏斗，恐怕都难以逃脱被船家杀害的结局。陈平能在这紧张的瞬间想出办法，不露声色地把危机消解于无形，不愧为刘邦手下的一大谋士。

在上面这个故事中，陈平首先能感知危险的存在，然后采取一系列富有智慧的行动，从而化险为夷；陈平做到了知己知彼，采取的行动既稳定彼，又安全己，可谓大智慧。

当前，企业经营遇到的状况日益复杂，面临的易变性、不确定性、复杂性和模糊性（VUCA）日益明显。在复杂形势下，如果遭遇突发事件，碰到难以化解的问题，处理不好就会产生严重后果。中国管理智慧从知行之道出发，开启外圆内方、灵活圆通、上善若水的智慧，教我们如何处理面临的危机。

———

第一节　知行观

在中国哲学中，认识和实践的关系表述为知与行的关系。其主要观点有行先于知，由行致知；以行验知，以行证知；知行并进等。

一、知与行的概念

"知"就是知识、知觉、思想、认识；"行"就是行为、行动、实践（践履）。"知是行之始，行是知之成"。人之所以成为人就是人能够具有知识，并且这些知识可以在人与人之间传播、在代与代之间传承。有了知识，人就可以依据知识来处理所遭遇的困难。当人依据知识应对各种复杂的情景时，便产生了知觉，也就是对所处情景内外事物的直接把握。在知觉的基础上进行分析、总结、归纳，便产生了思想。在思想的指导下进一步结合情景，便产生了正确的认识。当然"知"离不开"行"；行的第一层含义就是行为，也就是与"知"密切相关的一举一动；行的第二层含义就是行动，与行为不同之处在于行动是具有目的性的行为；行的第三层含义就是实践（践履），是在知的指导下与外界事物的互动行为。现实中，知行的互动非常复杂，特别是涉及与人交往的知行互动，往往超越事物的表面现象，而更富有深层含义。

北宋开国名将曹彬为人诚实，宽厚仁义，尤以御将有术而为时人称道，史称"气质淳厚"。其实曹彬对付小人也很有一套办法。有一次，宋太祖赵匡胤任命曹彬为主将，率军征讨南唐，临行前太祖交给他一把尚方宝剑，说："副将而下，不用命者斩之。"接着又问曹彬还有什么要求。曹彬说，请求皇上恩准，调用将军田钦祚担任另一路的前敌指挥官。这一请求弄得部下莫名其妙，因为大家都知道，这个姓田的既狡猾又贪婪，爱争功名，最讨人嫌的是爱在背后打小报告。这样的人大家躲都来不及，为什么还要把他弄到军中呢？曹彬事后对心腹言明个中道理：此番南征，任务艰巨，时间要很长，需要朝中群臣的全力支持，自己领兵在外，若朝中有人不断进谗言捣乱，很有可能坏了大事，而这个姓田的就极可能是这样的角色；要防他，最好的办法就是把他放到自己的眼皮底下，派他点用场，分他点功名，堵住他的嘴；再者还有尚方宝剑嘛，不怕他闹事。

现实社会中，有君子就有小人，这是社会的客观存在。对付小人一味躲避不是上策，曹彬将其纳入自己的掌控之中不失为一种聪明的办法。人和动物是不同的，动物的所有行为都依其本性而发，属于一种条件反射或自然反应；但人不同，因为人具有思维，他可以经过思考，根据自己当时的需要，做出各种不同的行为选择，这就是知与行的关系了。然而，人的知与行的关系是复杂的，夹杂着价值判断、行为主体的意愿、客观环境的要求等因素。例如当众拥抱你的对手！当众拥抱你的对手，这似乎是件很难做到的事，因为绝大部分人看到自己的对手都会有灭之而后快的冲动，若环境不允许或没有能力消灭对方，至少也会保持一种冷淡的态度，或说一些让对方不舒服的嘲讽话，可见要拥抱对手是多么难！能当众拥抱对手的人往往是站在主动的地位，处于这种位势的人往往是制人而不受制于人，你采取主动，不只迷惑了对方，使对方搞不清你对他的态度，也迷惑了第三者，搞不清楚你和对方到底是敌是友，甚至有可能误认为你们已化敌为友；可是，是敌是友，只有你自己心里才明白，但你的主动，却使对方处于一种接招、应战的被动态势。如果对方不能也拥抱你，那么他将得到一个气量太小之类的评语，一经比较，二人的分量立即有了轻重之别。所以当众拥抱你的对手，无论从哪个方面来看，你都是赢家！此外，当众拥抱对手，除了可在某种程度之内降低对手对你产生的敌意之外，也可避免恶化你对对手的敌意，换句话说，为敌友之间，留下一条灰色地带，免得敌意鲜明，反而阻挡了自己的去路与退路。地球是圆的，天涯无处不相逢！此外，你的拥抱动作，也将使对方失去对你再次攻击的立场，若他不理你的拥抱而依旧攻击你，那么他必定会招致别人的谴责。而最重要的是，当众拥抱对手这个动作一旦做了出来，做久了也会成为一种习惯，让你和人相处时，能容天下人、纳天下物，出入无碍，进退自如，这正是成就大业的本钱！所以，竞技场上比赛开始之前，比赛双方都要握手、敬礼或拥抱，比赛后也是如此，这是最常见的当众拥抱对手的情形。事实上，当众拥抱你的对手并不如想象的那么难，只要你能克服心理障碍，你就可以做到。

二、知与行的关系

对知行关系的探讨是中国哲学的一大问题。是行先知后，还是知先行后，还是知行合一？

首先，行重还是知重？在不同的管理领域行知的重要性是不同的。例如，研究与开发管理行重于知。研究与开发是企业核心竞争力的根源，一个企业的研究与开发能力强就体现为企业自主创新的能力强。在经济全球化背景下，企业必须坚定不移地走自主创新之路，重视和加强研究与开发，并把相关成果转化为现实的生产力，才能在竞争中夺得先机，赢得主动权。在人力资源管理过程中，知重于行。人力资源管理是指企业所奉行的一系列人力资源政策及与其相应的管理活动。这些活动主要包括企业人力资源战略的制定、员工的招募与选拔、培训与开发、绩效管理、薪酬管理、员工流动管理、员工关系管理、员工安全与健康管理等。即：企业运用现代管理方法，对人力资源的获取（选人）、开发（育人）、保持（留人）和利用（用人）等方面所进行的计划、组织、指挥、控制和协调等一系列活动，最终达到实现企业发展目标的一种管理行为。只有知人才能善用，这是中国管理智慧的重要内容。

中国管理智慧所强调的在对事物的认识过程中，行与知二者都是不可缺少的。知是行的指路明灯。只有有了知，在探索具体管理的道路上才会少走弯路。但仅仅有了知是远远不够的，只有将所知付诸行中，知才是有价值的知。知如果不将其付诸行动，就只能停留在理论上，而无法产生经济效益。

其次，对于知行的先后顺序，不同的管理领域也存在差异。市场营销、投资等绝大多数领域是知先行后；研究与开发等少数企业运作领域是行先知后。中国管理智慧更多地强调知先行后，强调知己知彼，谋先而后动。但是，中国的知先行后并不是说任何事情都是彻底知道之后才行动，现实的管理过程中更多的是只知道很少的情况就必须行动了，因为时间不等人，都知道了可能花时间太多，或者根本可能都知道。因此，中国管理智慧认为，在具体的管理过程中，总是知行合一，是强调知先行后的知行合一。知行合一更多地体现在企业管理道德与企业社会责任之间的关系上。

明武宗正德三年（1508 年），心学集大成者王守仁在贵阳阳明书院讲学，首次提出知行合一说。"知"，主要指人的思想观念和价值观。"行"，主要指人的基于特定思想与价值观的实际行动。因此，知行关系，也就是指思想观念和价值观与实际行动的关系。在中国管理智慧意义上的"知行合一"，指基于企业管理道德所践行的社会责任的统一。管理道德作为一种特殊的职业道德规范，是对管理者提出的道德要求，对管理者自身而言，可以说是管理者的立身之本、行为之基、发展之源；对企业而言，是对企业进行管理价值导向，是企业健康持续发展所需的一种重要资源，是企业提高经济效益、提升综合竞争力的源泉，可以说管理道德是管理者与企业的精神财富。在中国管理智慧意义上，"知行合一"思想包括以下两层意思。

第一，知行合一，密不可分。王守仁说"知行原是两个字说一个工夫"。从中国管理智慧层面来看，企业的管理道德与企业的社会责任不能脱节，把一切管理道德归之于企业的自觉行动，君子爱财，取之有道。第二，企业负责任的社会行为，离不开企业的管理道德准则。二者互为表里，不可分离。在企业管理过程中，知必然要表现为行，不行不能算真知。

王守仁说："知是行的主意，行是知的功夫；知是行之始，行是知之成"。意思是说，企业的管理道德是企业承担社会责任的指导思想，按照企业管理道德的要求去行动是达到企业"良知"的功夫。在企业管理道德指导下产生的企业承担社会责任的有关计划与设想是开始，符合企业为管理道德规范要求的付诸行动的企业社会责任行为是企业"良知"的完成。

知行合一去除了知与行的明确界限，从内心世界的升华到外在实践的飞跃，知行合一把二者统一起来。但是中国传统智慧的由外到内，由内到外的知与行、行与知不是简单或茫然的，"知"是在一定的原则下的"知"，"行"是在一定谋略下的"行"。中国古代管理智慧知行关系的内外原则就是"外圆内方"；基于"外圆内方"管理过程的表现形式就是"灵活圆通"；基于"外圆内方"方法论的依据是"上善若水"。

第二节　外圆内方

中国古代知行观对于内外的原则是"外圆内方"，它起源于中国古人的世界观，也就是对宇宙、天地的认识。中国古人一直以来认为天与人是合一的，而天是圆的，大地是方的；从而做人也要效法天地，做到"外圆内方"。最早描述天地方圆的论述来自盖天说的宇宙观，盖天说认为天像一顶戴在上面的斗笠，地方得像一盘围棋的棋局。《周易·说卦传》曰："乾为天，为圜……坤为地……为大舆……"直接阐述天圆地方的天地构造。《晋书·天文志上》与《隋书·天文志上》载《周髀》中说："天圆如张盖，地方如棋局"。《周易·坤·六二》说："直方大，不习无不利。"讲述了大地是直的、方的，且不重复。在中国先哲们看来，外圆内方的知行之道是天经地义，是天地教化世人为人处世的内外原则，故此，中国管理智慧中"外圆内方"的原则非常盛行，直到今天也为众多企业家津津乐道。特别是在古代，人们把钱币铸成外圆内方的形状，就是时刻提醒人们效法天地，做到外圆内方的"知行合一"。在管理者看来，所谓外圆就是指做事情具有灵活性，通融性，像天一样是圆的；内方则是指做事情讲原则性，做任何事情都要有底线，有内心的坚守，因为大地是方的。外圆内方集中体现了"知行合一"，外圆与内方时时相互渗透、相互考量、相互影响，从而铸就了中国管理智慧独特的行为模式，从本质上看，中国管理智慧强调的外圆内方就是把原则性与灵活性有机地整合在一起。

　　一个人若只有"方"而没有"圆"，必然会经常碰壁，一事无成。相反，如果只有"圆"而没有"方"，多机巧，则是没有原则、没有主见的墙头草。"方圆有致"才是智慧与通达的成功之道。《三国演义》中有一段"曹操煮酒论英雄"的故事。当时刘备落难投靠曹操，曹操很真诚地接待了刘备。刘备在许都住下后，为防曹操谋害，就在自家后园种菜，亲自浇灌，以此迷惑曹操。一天，曹操约刘备到他家喝酒，谈起谁为当世之英雄。刘备点遍袁术、袁绍、刘表、孙策、张绣、张鲁，均被曹操一一贬低。曹操指出英雄的标准是胸怀大志，腹有良谋，有包藏宇宙之心，吞吐天地之志。刘备问："谁人当之？"曹操说："天下英雄唯使君与操耳。"刘备本以韬晦之计栖身许都，被曹操点破是英雄后，以为被曹操看破心机，竟吓得把筷子掉落在地。恰好当时大雨将至，雷声大作，曹操问刘备为何把筷子弄掉了，刘备边低头捡筷子边说："一震之威，乃至于此。"曹操说："雷乃天地阴阳击搏之声，何为惊怕？"刘备说："我从小害怕雷声，一听见雷声只恨无处躲藏。"自此曹操认为刘备胸无大志，必不能成气候，也就没把他放在心上。刘备以此巧妙地将自己的慌乱掩饰过去，从而避免了一场劫难。刘备在"煮酒论英雄"的对答中采用方圆之术，在曹操的哈哈大笑之中，免去了曹操对他的怀疑和嫉妒，最后如愿以偿地逃脱虎狼之地。至于三国后期的司马懿，更是个外圆内方的高手。他佯装成快要死的人，瞒过了大将军曹爽，达到了保护自己、等待时机的目的，最后实现了自己的抱负，统一了天下。这正是"鹰立似睡，虎行似病"。上述历史故事是用外圆内方的谋略，但是中国管理智慧中，外圆内方更多地体现"知行合一"的管理智慧；方体现管理者的内在原则，圆体现管理者的外在方法。

外圆内方的管理智慧可以在人力资源管理、计划职能、决策职能、组织职能、市场定位等方面运用。

一、人力资源管理

著名教育家黄炎培在给儿子写的座右铭中就有这样的话："和若春风，肃若秋霜；取象于钱，外圆内方。"在他看来，"和若春风"就是"圆"，即做人做事讲究要和气，讲究技巧，既不超人前也不落人后，或者该前则前，该后则后，能够认清时务，使自己进退自如、游刃有余；"肃若秋霜"就是"方"，即做事要认真，有自己的主张和原则，不被他人所左右。管理的目的就在于管理是否有效,"外圆内方"的管理方式就是把企业管理提升到人性化哲学观点去实施管理。力图使管理者与被管理者之间达成共识,处理好对己(内)对人(外)的管理意识问题,从而使管理更有效。

　　管理一个企业或是其他组织,最关键的还是处理好人际关系,平衡好人与事的管理问题。外圆内方的管理方式便是处理人际关系,平衡处事最有效的方式。为什么外圆内方的处事方式在管理应用上能产生好的效果呢?因为它既含有丰富的管理哲学内涵,又有丰厚的人文科学素养的内容,它能让人们在"Yes"或"No"的二分法中寻找出第三条更为适中合理的办法,从而更能满足人们心理上的多重取向,而对于交易(谈判)双方的企业来说更能达到双赢效果和求大同存小异的共识。外圆内方简单地说就是对自己要求要严(方),对别人要有包容(圆),做事自己心里要有规矩有原则,但处事要从对方的角度考虑,不要以自己的严谨(内方)来对待别人的弱点。如果处事不考虑对方的自尊,没有一点圆通技巧,就会招致对方不满甚至对抗,这样处理必然事与愿违。若能站在对方的角度上,考虑以对方能理解、能接受的方式进行沟通,或者用一种启迪的方式让对方去发现他自己的不足之处,从而调整和改正他的错误,这样的效果将是圆满的。因此,倘若管理者都能真正理解外圆内方的哲学意义,都能真正运用外圆内方的方法去进行企业管理,其效果将会事半功倍。

　　中国建材集团原董事长宋志平先生,曾经同时掌管过两家位列世界500强的中国企业。他经营企业之所以成功,其中一个重要的经营手段就是联合重组。宋志平说,虽然我是央企,并购的对象是民企,但是我从来不说是兼并收购,因为中国人好面子,如果我说兼并收购,对方可能觉得他经营不行,然后被我收购了,有点以大吃小、以强凌弱的感觉，我一定说是联合重组，强强联合，共同把事业做大。而且每次在双方签约仪式上，我一定亲手把一枚中国建材的徽章给对方董事长戴上，让对方首先从形式上进而从心理上认同自己是中国建材的一员。这就是外圆内方的成功范例。

在所有的企业管理中，只要把人管理好，其他一切问题就好办了。所以可以这样说：一个企业的人力资源管理良好，这个企业的整体管理必定不会差，效益也一定不会差。而外圆内方正是针对人性特点来实施管理的。人本身是一个非常复杂的有机体，不但有思维、有个性、有情感、有自尊，还有脾气，因此，在企业管理中，最重要最复杂的就是如何实施对人的管理。如果实施的方法恰当，被管理者就会产生极大的动力，尽心尽责地为企业服务。有些主管经常抱怨员工太难管了，即使所有制度都很健全、很完善，执行起来却是处处碰壁。其主要原因就是他们不懂得外圆内方的管理方式，从而造成员工的抵触情绪。外圆内方就是要求我们管理者不但平时行为要严以律己，要有原则、有公正之心，在对待别人时则要考虑对方的个性、立场和环境场合，学会换位思考，不能毫无忌讳直言相向，挫伤对方的自尊心。如果我们懂得运用外圆内方的处理方式去处理，用变通的技巧避免正面冲突，引导他自己发现问题的所在，让他自己主动去改正自己的缺点，其效果将会相当理想。

外圆内方在日常管理中应该常常被用到，在处理员工关系、上下级关系时非常有用，它注重采用灵活的方法，通过友善的沟通交流、积极协助支持，来达成管理的目标。比如和同级人员进行协作时，我们没有权力发出指令，也不能使用要挟的方法，只能通过建立良好的协作关系，在平时多注意沟通，多给予支持协助，在自己需要的时候就可以通过这种良好的关系来调动协作者的积极性，配合自己的工作，来最终达成自己的工作目标。例如：一个高级主管，他平时很注意与平级主管的互动，常常会主动抽时间到其他高级主管办公室去进行沟通，也经常在公司餐厅和这些主管边吃边聊，增进感情。凡遇到组织的各种活动，下属们发出通知之后，他总是主动去找那些比较关键的人员，当面邀请他们参加，获得他们的口头认可，这样组织活动的出席率都很高，配合度也很好，工作目标总能比较顺利达成。这种做法，"外圆"体现在平时人际关系的建立及方法的灵活上，"内方"表现在他亲自主动、郑重地当面邀请一些人员，告知事情的重要性，让这些人做出参与的承诺，而这些承诺会变成行动的动力。

建立良好的协作关系，不是说没有原则地迁就纵容，而是建立在正确的原则之上，在可以运作的范围内进行妥协。比如说负责考勤的人员，"外圆"并不是要去包庇迟到的人，而是在看到别人迟到的时候，关切地询问是什么原因造成的，表示同情和关怀，提出帮忙解决问题的方法。某公司有一个总监，上班经常迟到，考勤人员让他签字确认的时候，他拒绝签字。即便是已签字确认的考勤记录，这个总监也总是到总经理那里签字免责，总经理每次都是爽快地满足他的要求。这样做的唯一后果就是，考勤制度严格不起来，常常是费了不少功夫，效果并不理想。实质上这种做法只有"外圆"并没有"内方"，结果是纵容了不良行为，加强管理的目的就难以达到了。"外圆内方"常常在处理一些需要强烈宣示正确立场的管理实务时，把要强调的原则突出表现出来，显示强硬的一面，但在强硬的背后也显示出人性的关怀。这种方法很容易让别人清晰地了解管理者的原则，知道什么是可以协商的，什么是不可以协商的，并对管理者的强硬达成理解，诚心接受。

二、计划职能

计划是所有管理职能中最基本的层面，每一个企业都要制订各种计划。古人所说"运筹于帷幄之中，决胜于千里之外"，就是对计划职能的形象概括。计划工作有广义和狭义之分。广义的计划工作包括制订计划、执行计划和检查计划的执行情况等过程。狭义的计划工作则是指制订计划，就是根据组织内外部的实际情况，权衡内外部客观条件和主观的可能，通过科学预测，提出在未来一定时期内组织所要达到的目标及实现目标的方法。

哈罗德·孔茨和海因茨·韦里克从抽象到具体，把计划分为一种层次体系：①使命（宗旨）；②目标（目的）；③战略；④政策；⑤程序；⑥规则；⑦方案；⑧预算（见图5-1）。

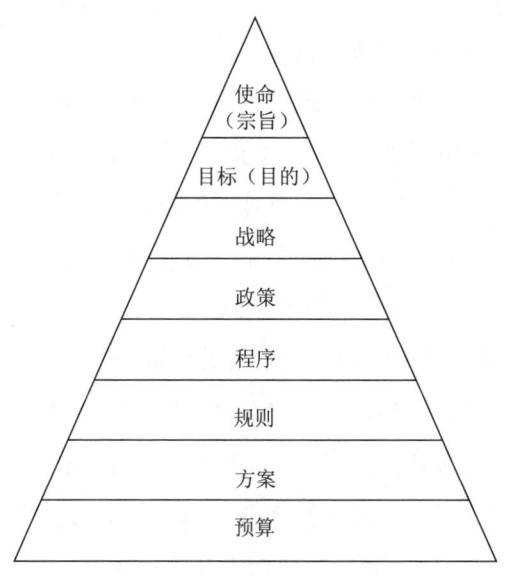

图5-1　计划的层次体系

根据哈罗德·孔茨和海因茨·韦里克提出的"计划的层次体系"，我们不难看出，计划是一个由抽象到具体的过程。可以说，这个金字塔是由塔顶开始构建的。先明确目的，制定目标，逐渐细化，最后到具体的数字。既要面向未来，又要面向现实行动；既要获得发展，又要可以实现。所以，计划的制订从顶端开始，最终要刚好落在它的基础上。外圆内方的图形即是最后形成的计划，圆，即预计目标（目标是企业现有一切资源和能力的外化，故此，圆为目标）；方，是制订计划的基础和所需衡量的因素。圆大方小，达不到预计目标，计划就成了"空中楼阁"；圆小方大，又会造成发展不足，在市场中逐渐丧失竞争力，最终被淘汰。所以，平衡好目标与实际是达到圆与方完美契合的根本。而彼此周全的途径之一就是分析成功经验和失败教训的内、外因。如前文所述，制订计划是一个由目标入手，逐渐细化最终得出结论的"果因"的逆向过程，但是当目标变成了已产生的结果以后，计划中的细节也就变成了导致结果的内因和外因，这时我们再看待过去发生的案例，就是一个由细节到目标的因果顺序思维过程了。所以，无论是经验还是教训，抓住其内因、外因才是重点。而对外因和内因的总结，可以用来预测未来可能的趋势。例如，有效的计划是一切成功的秘诀，计划做得好可获得很多收益。海尔集团通过清楚地确定目标和掌握如何实现这些目标，为企业的行动提供了正确的方向，有效地配置了资源，并且提高了效率，调动了积极性，为控制提供了标准，从而使海尔集团不断发展，在世界上占有重要的地位。面对新的全球化竞争条件，海尔集团确立全球化品牌战略，启动"创造资源、美誉全球"（圆）的企业精神和"人单合一、速决速胜"（方）的工作手段。从总体来看，计划制订的整个过程可以分为基本和成果两个部分。基本是现有的硬性条件，不可更改。成果是追求展示出来的目标表象，是由基本构建起来的，有一定的不确定性。认清基本，谋求最大的成果，再将成果与基本作为整体进行阶段性细化，这便是计划的外圆内方。

三、决策职能

决策是为了实现某一目的而制定行动方案并从若干个可行方案中选择一个满意方案的分析判断过程。决策要有明确的目的，要有若干可行的备选方案，要进行方案的分析评价，结果是要选择一个满意的方案，是一个分析判断过程。

决策是决定管理工作成败的关键，是任何有目的的活动发生之前必不可少的一步。决策者的外圆表现为：一个好的决策者在进行决策之前肯定会多方询问，认真倾听并参考大家的意见。"团结就是力量"，一个好的决策必然要考虑到事情发展的方方面面；而"头脑风暴"就是充分利用集体智慧，将各种影响因素及发展动态均纳入考虑分析的范畴。决策者的外圆既充分调动了参与各方的积极性，又拓展了自己考虑问题的视野。身为决策者，所要做的并非仅此而已。事实上，决策者所真正面临的难题往往是会陷入两难的境地。对于一件事情或是一个项目而言，每个人因自己的角色、眼界、知识构架和思维模式的不同，会产生不同的意见和建议。因此，作为一个合格的决策者，不仅要善于"外圆"，还要善于"内方"。决策者在对事情进行理性的分析后要形成自己的意见和看法，要对事情有自己的"主见"，千人打鼓，一锤定音。这样，才能在七嘴八舌之中，在如潮袭来的意见中不迷失自己的判断，从而用自己的决策来引导大家走向最终的一致和最后的成功。一个企业最重要的决策就是战略决策，决策后便选择了企业所要执行的战略，也确定了企业未来几年发展的大方向。

四、组织职能

在组织职能上，方圆的含义有赖于决策的结果，也就是所选择的企业战略。组织结构是表明组织各部分的排列顺序、结构位置、聚散状态、联系方式，以及各要素之间相互关系的一种模式，是整个管理系统的"框架"。组织的结构依据组织的规模及组织所承担的任务特性而设计，组织结构的设计为组织的战略服务。在组织管理过程中，组织的战略是方，组织结构是圆。随着组织的成长、战略的变化，组织结构要随之进行动态调整。组织结构这个圆如何匹配组织战略这个方，还需做以下工作。

第一，组织结构调整要有序进行，不能盲目求快。旧的组织结构具有一定时期的稳定性，需要将旧的组织结构平稳过渡到新的组织结构；人员的岗位调整必须顺利平稳过渡到新的部门和岗位；不适应的原有岗位人员能做到平稳的离职，不要产生激烈的矛盾冲突。在组织结构调整中，一定是要"改良"而不是"革命"，以免引起不必要的震动，从而达到最佳的结果。

第二，组织结构调整要适应战略变化的需要，战略虽然是大方向，但在执行过程中也需要微调，也就是所谓的战术调整；组织结构的设计要能满足战略的动态微调，也就是说需要组织结构具有灵活性，能随时满足战术调整的需要。

第三，组织结构要实现分工清晰。分工清晰的组织关系，要实现部门职能清晰、权责到位，从而预防和避免今后可能存在的摩擦关系。

第四，部门、岗位的设置要有利于人才培养。把部门、岗位和人才培养相结合，贯彻"企业是个人的发展平台"的观念。

五、市场定位

在产品开发市场定位方面，按照外圆内方的思想，能够处理好主动出击与稳固镇守的关系。市场是千变万化的。聚焦、跟踪市场，占领、拓宽市场，是企业必须有的战略思想，并要以研发、生产、销售三位一体的优势形成百花丛中最鲜艳的气运景象，才能立于不败、长盛不衰。因此，准确寻找市场需求的空白，及时顺应市场需求水平，密切追踪消费热点，就需要有着灵便通达的"外圆"。唯有如此，才能在大彻大悟的前瞻性透视之下，敢为天下先，并从切实效益和可行性考虑，摈弃跟着感觉走的盲目随从，使知而明之的"内方"产生独特的市场气象。洞悉精细的外圆，信守恒定的内方，在开发新产品过程中，可以充分发挥灵活多样、机动通变的内外协调作用，充分发挥以我为主、不袭陈套的精神，不断地迸发出经营的智慧之光。

第三节　灵活圆通

基于外圆内方的管理过程的表现形式是灵活圆通，在知行合一的基础上，中国管理智慧构造了外圆内方的法则，贯彻这个法则，需要在诸多管理方面落实灵活圆通。企业只有从其经营的战略高度出发，采取灵活圆通的策略，才能在诸多方面实现自己的战略目标。

汉武帝即位，汲黯为传达圣旨的官员。东粤人侵扰乱边境，皇帝派他去调查情况，他到了吴国就回来了，回报说："粤人侵扰，只是他们的风俗，不足以使陛下感到忧虑。"河内失火，烧了一千多家，皇上派他前往了解情况，汲黯回来报告说："房屋失火，由于房子都紧挨着，所以火势蔓延，烧了许多房屋，也不足以让皇上忧虑。我经过河内，河内的百姓由于受旱涝灾害而衣食无着的人有万余家，有的地方父亲和儿子相互蚕食。我觉得这件事应当处理，就拿着符节调拨河内仓库里的粮食以赈济灾民。请让我归还符节，并为假传圣旨而请罪。"皇上认为他贤能，就放了他，命他做荥阳令。汲黯耻于为荥阳令，就假称生病回到家里，皇上听说了，就召他为中大夫。由于数次恳切劝谏，不能留在朝内，迁为东海太守。汲黯其人可谓怪矣。皇帝让他干的事，他偏偏不干，不让他干的事，他偏偏多管闲事。他拿了皇上给他发号施令的符节，去调集粮食，救济百姓，按当时的法律来讲，是假传圣旨，罪应全家抄斩，但因他从根本利益上为皇帝着想，汉武帝又不是一个刻板的人，所以汲黯不仅免罪，还被汉武帝认为很贤能，受到了信任，升了官。柔性化管理类似于对汲黯的任命之法，为了适应经营环境，企业需要具有灵活的应变能力，不能固守原来的方略一成不变。采取灵活圆通的管理策略，被称为柔性化管理。

当今社会，由于物质产品的丰富，消费者的行为也变得更具有选择性，这就要求企业及时提供更加多样化和更具鲜明个性的产品。社会需求的这种变化，反映到生产上来，就是以追求规模经济为目标的批量生产被以满足顾客需要为主的个性化生产所取代，也就是生产的柔性化。反映在柔性管理模式上就是产量和具体产品根据订单来确定，尽量减少冗余库存。由于以销定产，小批量多品种就成为生产中柔性管理的指导思想。例如，在海尔的生产车间，一般都按照顾客的订单安排生产。有些订单的数量很少，只有几十台，但海尔通过柔性化的生产管理措施，使一条流水线上可以按顺序生产不同的品种，提高了生产率。这样既满足了顾客的不同需要，又使自己赢得了丰厚的利润。生产的柔性化就可以视为是运营管理中的一种灵活圆通，这已经成为当代企业管理的一种必然趋势，这种变化也必然要反映到企业的组织管理上来。传统组织的特点是：组织结构层次过多，传递信息的渠道长、环节多、速度慢。柔性组织的特点是：以少层次、网络型的组织结构代替多层次、垂直型的组织结构，既提高了信息传递效率，也提高了工作效率；能够加强各部门之间的横向沟通，缩小和消除各部门之间的壁垒；实行综合化管理，提高企业整体的反应灵敏度。简单的说，就是由金字塔形的组织结构向扁平化的组织结构方向发展。

同样，良好的激励机制应根据人的不同层次需求，采取不同的激励方式，使合理的需求得到相应的满足。传统的激励机制大多以物质激励为主，激励手段单一，这种单一的激励手段不能有效激励员工。在激励机制设计中融入柔性管理思想，就是在设计企业的薪酬福利等方案时，充分考虑各类员工的不同层次需求和具体工作性质，体现激励机制上的柔性化。在实施中不仅要注重给员工物质上的奖励，还应注重对员工在精神上的嘉奖。可以通过丰富工作内容，提高工作的挑战性对员工进行激励。要充分考虑每个员工的不同需要，实施多样化的福利。例如有的员工希望得到更多学习培训的机会，有的员工希望能把假期集中起来去旅行，有的则希望工作时间灵活些。上海有一家高科技企业给优秀员工奖励，是让员工选择增加工资还是增加居家办公天数，结果好几位员工选择增加居家办公天数。企业通过满足员工的不同需要，能提高员工的满意感，更好地激发员工的工作热情。

在现代企业里和多变的环境中，企业还可以运用外圆内方的原则来建立高绩效团队。现代组织行为学研究发现，团队比传统的部门结构或其他形式的稳定性群体更灵活，反应更迅速，它可以快速组合、重组和解散。团队能够促进员工参与决策过程，具备互信、互动、互学、互助的特点，它有助于增强组织的民主气氛，提高员工的积极性。目前，在各类优秀企业尤其是互联网企业、科创企业中，团队已经成为组织运营的普遍形式。团队既具备组织运行的一般原则，又有灵活圆通的运行方式，非常符合外圆内方的中国管理理念。

第四节　上善若水

"外圆内方"原则的方法论依据是"上善若水"。《道德经》说:"上善若水。水善利万物而不争,处众人之所恶,故几于道。居善地,心善渊,与善仁,言善信,政善治,事善能,动善时。夫唯不争,故无尤。"意思是说:就像水的品性一样,泽被万物而不争名利。水善于帮助万物而不与万物相争。它停留在众人所不喜欢的地方,所以接近于道。上善的人居住要像水那样安于卑下,存心要像水那样深沉,交友要像水那样相亲,言语要像水那样真诚,为政要像水那样有条有理,办事要像水那样无所不能,行为要像水那样待机而动。正因为他像水那样与万物无争,所以才没有烦恼。中国管理智慧要求做到"上善若水",就是能适应任何环境,就像水一样,能包容万物,本身却非常纯净,坚持向下流动的唯一原则而随外界环境而变化身形,这正是知行合一的最高境界,灵活圆通的理论根基。对于企业的高级管理人员来说,上善若水包括道德、人品方面的修炼,也包括对原则的坚持,对目标的执着。从中国管理智慧来看,上善若水对管理的最大启示就是目标导向的管理策略;如果企业从上到下的管理人员能够像水一样目标一致,齐心协力,那么企业就能够适应复杂的经营环境,制定出适合本企业执行的战略,并有效执行自己的战略。基于"知行合一"的中国管理智慧,企业的高级管理人员不仅具有外圆内方的特性、灵活圆通的法门,更要有明确的目标导向。以外圆内方为法则,以灵活圆通为突破口,以目标导向作为前进的方向。

对于企业经营管理而言,要做到中国管理智慧中的"上善若水",主要应做到以下几点。

第一,流水不腐。企业经营不能一成不变,而是要因势而变,顺势而为。随时根据外部的环境变化、内部的优劣势和各类资源情况，进行及时调整。而且，经营企业任何时候都不能"躺平"，企业存在一天，企业家和员工就要奋斗一天，所以要学习水的习性，流水不腐，奔腾不息。

第二，滋润万物。水源源不断，滋润万物。对于企业经营而言，就要考虑到相关的方方面面，不仅要全方位考虑自身的优势、劣势、机会、挑战，还要考虑对手的情况、行业的趋势、宏观经济态势。只有充分做到知己知彼，才能将企业的资源像水一样，运用到需要的各个方面。

第三，灵活顺应。水无固定形状，因势而变。企业经营也同样如此。尤其在当今时代，企业管理一切要以客户需求为上，注重为客户创造价值。只有这样，企业才能活下来，活得好，活得长。

第四，坚韧不拔。水至柔而致刚。虽貌似柔弱，但力量无穷，水滴石穿，甚至波涛汹涌，大浪淘沙。因此企业要学习水的韧性，咬定青山不放松，为自己立下的使命奋斗。

第六章

中国管理智慧的谋略之道——求优势于现实

中国的智慧在于全面系统的把握与整合，这方面的理论在兵家、法家中非常丰富。中国历史上很多智者也是战略家、军事家、哲学家，这样的人物以王阳明为代表，他们深谙中国管理智慧的谋略之道。儒家思想旨在经世致用，法家思想旨在造势立威，道家思想充满辩证思维，兵家思想富含谋略之道。在中国历史上，很多智者能够融儒家、法家、道家、兵家为一身，充分运用中国管理智慧，在历史上建下卓著的丰功伟绩。这是一种基于当代所谓的全息理论，在更多获得信息的条件下处理各种问题，规划更好的未来路径。

减灶与增灶的谋略

战国时，魏国庞涓带兵进攻韩国，齐国田忌带兵救援韩国。田忌直奔魏国都城大梁。庞涓闻讯，立刻撤离韩国往回赶。这时齐国军队已经越过边境向西进发。孙膑对田忌说："魏国军队出自三晋地区，剽悍勇敢，向来轻视齐军，齐国军队被称为胆小鬼。善于指挥战争的人，要因势利导。兵法说相离百里之远与敌争利，上将军受挫；相距五十里与敌争利，军队会有一半人能到达。（为了让魏军认为齐军有大量士兵掉队）让齐国军队进入魏国后，建十万炉灶。第二天减为五万炉灶。第三天减为三万炉灶。"庞涓还军三天，考察齐军宿营的炉灶，非常高兴地说："我知道齐军胆怯了，进入我国三天，士兵逃亡已经超过一半人。"便放弃了步兵，只率轻骑精锐部队，兼程追击。孙膑预测庞涓部队走到晚上该到达马陵。马陵这个地方道路狭窄，两旁山路险阻，可以部署伏兵。于是便把大树砍下一块白碴，书写"庞涓死于此树之下"几个大字。让齐军中箭法好的士兵，准备了上万支弓箭，埋伏在山道两侧，约定天黑看见火光一齐射箭。庞涓果然夜间到达那棵大树下，看白色树碴上有字，就让人点火照亮。还未来得及看完，齐军万箭齐发。魏军在一片混乱中大败，庞涓则自杀，死于树下。

孙膑减灶是适应战争环境变化的成功谋略。行兵打仗就要像流水一样，依据环境的变化而调整用兵的战略战术，照本宣科、纸上谈兵、墨守兵法的成规是不行的。商场如战场，商战如兵战，企业在商场的竞争与行兵打仗颇有类似之处，现实中成功企业公司的经验很有可能会被凝固为一成不变的教条或规则，每个人都认为这是不可以改变的。其他公司有的也会照搬照套，于是，公司又落入行为惯性的怪圈之中。

中国管理智慧要实现求优势于现实，而现实又是多变的、复杂的，中国管理智慧的谋略之道就是在变动不居的现实中寻求成功之道。这就像"减灶"的谋略一样，在特殊情境下采取特殊的谋略，按照事物更深层的本质规则谋划发展出路，才能取得胜利。

———

第一节　万事讲谋略

什么是谋略？所谓谋略就是我们通常所讲的计谋、策略。它就是根据形势发展的需要、综合内外环境因素、及时准确地制定的行动方针、斗争路线与制胜方式。市场经济是谋略的经济，没有成功的谋略就没有成功的经营。谋略是一种艺术，更是一种智慧，是中国管理智慧的重要组成部分。从现代意义上讲，谋略等同于成功的策划，它是一种创造性思维活动，它一方面是成功的内外环境分析，另一方面是针对未来的路径规划与行动方法设计，谋略往往需要设计、制定出若干备选的行动方案，并及时从备选行动方案中选择一个确定为最佳的行动方案。中国历代开明的君主，大都招贤纳士以备其用。运用谋略最早的是殷商时期的姜尚，他用大智慧帮助周武王建立了周朝。春秋战国时期，由于诸侯割据，战争与外交活动频繁，促使大量以谋略为职业的谋士产生。谋士精于谋划、料事如神、能言善辩，他们成了聪明和智慧的象征。

《晏子春秋》里记载了这样一个故事：齐景公蓄养三名勇士，他们名叫田开疆、公孙接和古冶子。这三名勇士都力大无比，武功超群，为齐景公立下过不少功劳。但他们刚愎自用，目中无人，连齐国的丞相晏婴都不放在眼里，终于得罪了晏婴。晏子便劝齐景公杀掉他们。齐景公平时对晏子言听计从，此刻却心存疑虑，恐怕用武力制服不了三人，如果他们联合起来反抗，问题就麻烦了。晏子便献上一计：以齐景公的名义赏赐三名勇士两个桃子，让他们自己评功，按功劳的大小吃桃。三名勇士都认为自己的功劳很大，应该单独吃一个桃子。于是，公孙接讲了自己的打虎功，拿了一个桃；田开疆讲了自己的杀敌功，拿起了另一个桃。两人正准备要吃桃子，古冶子说出了自己更大的功劳。公孙接、田开疆都觉得自己的功劳确实不如古冶子大，感到羞愧难当，赶忙让出桃子，说："咱本领不如人家，却抢着要吃桃子，实在丢人，是好汉就没有脸再活下去！"说罢都拔剑自刎了。古冶子见了，后悔不迭。心想："如果放弃桃子而隐瞒功劳，则有失勇士的威严；为了满足自己而羞辱同伴，又有损哥们的义气。如今两个伙伴都为此而死了，我独自活着，算什么勇士？"便仰天长叹一声，也拔剑自杀了。

晏子采用借"桃"杀人的办法，不费吹灰之力，便达到了预定目的，可说是善于运用谋略。谋略的作用就是四两拨千斤，花少的力气获大的利益。战国时期有一个三面获利的故事，也展现了谋略的巨大作用。

秦军进攻宜阳（韩邑，在今河南省）。周赧王问赵累说："这次战争，你的看法如何？"赵累答说："宜阳必会陷落。"周赧王颇不以为然地说："宜阳城这个地方，四方各有八里，智勇之士十万，食粮之多，少说也可维持数年，何况又有公仲（韩相）的二十万大军，景翠（楚将）率领着楚军据山扎营，相互救援。就算秦军再强，怕也撼动不了宜阳啊！"赵累答说："不然。甘茂（秦将兼秦相）并不是秦国人，充其量不过是秦国的旅客或寄籍的臣子罢了，这次，他要是攻陷宜阳，功劳之大，就像那周公旦一样，但是万一吃了败仗，就必定被赶走。秦王（武王）不听从众臣和长辈的谏言，而一定要攻打宜阳，如果宜阳破不了，秦王就要大失面子。情势所逼，宜阳是凶多吉少了。"周赧王说："如果真像你所推测，那么站在我们周国的立场，你觉得该如何？"赵累答道："君王可以派人对景翠说，'您目前的爵位是执圭（楚国最高的爵位），即使战胜，也没什么爵位可加，可是，万一吃个败仗，生命就难保。为今之计，最好等待秦军攻陷宜阳，然后，才发兵摆出即将去救宜阳的姿态。您一发兵，秦军怕您在他们疲惫的时候，趁机攻击，必定送您许多财宝，来讨好您。而公仲，也为了赵国着想，希望您快进兵，趁秦兵疲惫的时候给他们一个迎头痛击，因此，必定也忙着差人进献财宝讨好您。'"景翠果然依了周赧王的计策（事实上是赵累献的计），当秦军攻取了宜阳，他才进兵，秦国见状，大为着急，立刻送"煮枣"（秦邑，今山东菏泽市西南）给景翠。韩相公仲也正如赵累所料，忙着送景翠财宝。这下子景翠不但从秦国获得城池，也从韩国获得财宝，同时，也使得东周永怀他的恩德，真是三面得利。

上述例子说明，一个成功的谋略需要特定形势，因势利导，巧妙谋划，从而达到预期效果。

韩信经萧何举荐被刘邦任为大将军，为汉朝的建立立下很大功劳，汉朝建立后被封为楚王。晚年的刘邦最怕在自己百年之后，政权旁落他人，为了刘姓政权的长治久安，必须铲除隐患。他认为在诸位将领中，功劳最大、才能最强、威望最高的功臣，就是最危险的敌人。因此，韩信首当其冲。可是，除掉韩信谈何容易！刘邦明白就是自己出马也未必能取胜，其他诸将更不是韩信的对手。刘邦先是用计生擒了韩信。此时的韩信才明白过来，感叹地说："狡兔死，走狗烹，飞鸟尽，良弓藏；敌国破，谋臣亡。天下已定，我固当烹。"刘邦将韩信押回京城后，念其功高且又无罪证，又赦免了韩信，改封淮阴侯。被削去了王位的韩信，心想自己为兴建汉室出生入死，最后落得个如此下场，既然你刘邦无情，休怪我韩信无义。韩信私下与被任命为赵国相国的陈豨相约，陈豨在北方举事，韩信在长安响应。汉高帝十年（公元前 197 年），陈豨果然举兵反叛。刘邦亲自带兵平叛，长安空虚。韩信准备在长安举事，不幸走漏了消息，有人向吕后告发韩信准备谋反。吕后想把韩信召进宫来，又怕他不肯就范，就同萧何商议。最后，由萧何出面，假称北方传回捷报：叛军已败，陈豨已死，邀请韩信进宫向吕后贺喜。韩信哪里想到极力举荐自己而且一向过从甚密的萧何会是杀害自己的主谋。结果韩信刚入宫门，就被事先埋伏好的武士一拥而上，捆绑起来。吕后将这一代名将带至长乐宫钟室，残忍地杀害了。民间因此有"成也萧何（韩信成为大将军是萧何推荐的），败也萧何（韩信被杀是萧何出的计谋）"的说法。后来用"成也萧何，败也萧何"来比喻事情的成败、好坏都由一个人造成。

"成也萧何，败也萧何"的故事告诉我们，谋略是基于特定的环境执行特定的行动，谋略不讲情面，只讲行动的可能性、可行性、可操作性。

第二节　道家的谋略之道

道家的谋略之道着眼于宇宙大局观。老子，姓李名耳，字伯阳，有人说又称老聃。中国古代伟大的哲学家和思想家、道家学派创始人，其被唐皇武后封为太上老君。世界百位历史名人之一。周王朝衰败不堪，老子决定到西域去，途经"函谷关"（河南灵宝市，后移至新安县）。一日，关令尹喜看到一团紫气从东方飘来，知有圣人到此，留下不放，要求写点著作方可放行。几天后，一部举世无双的《道德经》就问世了。《道德经》中蕴含着宇宙大局观的谋略智慧，千百年来一直为仁人志士所推崇，通过参悟《道德经》获得了极大的启发，成为深谋远虑的人。老子的谋略思想可以用十二个字概括，那就是"无为而治，以柔克刚，顺其自然"。"无为而无不为"是以老子为代表的道家心智所在。老子提倡无为，绝不是要人们无所作为，更不是主张懒汉哲学，无所事事，所谓"躺平"，而是主张人的活动要顺应大势，顺应道之自然，这样就可因道之力顺利地有所作为。无论从战略意义上还是从方法论上说，老子所提倡的"无为"都是积极的，它不是以"无为"达到无结果，而是通过"无为"实现"无不为"即有为。

庄子描绘了能够"无为而无不为"的真人的形象，他说："能知道哪是属于天然的，哪是属于人为的，换句话说，就是能明白天人分际的，可说是洞明事理的极境了。知天之所为者，就是知道天之所为完全是出于自然；知人之所为者，是说以他智力所知的养生之术，去保养他智力所不知的寿命之数，而能尽其天年，不至中道夭折的，这可算是尽了知识的能事了。怎样才能做真人呢？真人，不以寡少而有所逆拒，不以成功而有所自豪，更不以智虑而图谋事端。像这样的人，于事偶有过失，也不去追悔；于事行之而当，也不自以为得。所以像这样的人，即便是登高，也不怕下坠；即便入水，也不怕溺毙；即便蹈火，也不怕烧死。他对于安危生死，何以能如此坦然自处呢？这是因为他的真知灼见，能够上达于道，于事理无所不烛，所以才会如此坦然。"（《庄子·大宗师》）

在当今时代，对于企业来讲，道家的谋略之道在于着眼宇宙大局观，"仰观宇宙之大，俯察品类之盛"，既要埋头拉车，也要抬头看路。基于全局的准确领悟，宏观着眼，微观着手，就像真人领悟天地一样领略时代大势，领悟商机本质，从而能够在大局观的指导下制定并执行有效的战略，以便获取和维持竞争优势。

海尔集团自 2005 年张瑞敏提出"人单合一"模式以来，已经走过了 19 年的发展历程，而在 2024 年 9 月 20 日于青岛举行的"第八届人单合一模式引领论坛"上，海尔集团董事局主席、首席执行官周云杰提出了"人单合一——人工智能时代的新引擎"的命题，宣告了"人单合一 2.0 模式"的诞生。在"人单合一"模式中，"人"就是员工，"单"就是客户，就是用户价值。人单合一，就是打破以往企业员工和客户之间的壁垒，通过各种方式实现员工与用户的零距离，在不断创新并为客户创造价值中实现自身价值。海尔的"人单合一"模式，可谓是在企业管理领域对老子"无为无不为"哲学思想的最好诠释和实践。管理学理论自 1911 年泰勒出版《科学管理原理》一书以来，一直遵循着这样一条发展路径，即用各种理论告诉管理者，如何使用管理手段去引导员工应该做什么，不应该做什么；可以做什么，不可以做什么。管理学界从来没有想过，如何让员工自动、自发地朝着企业和自身价值共增长的方向努力，或者是有人想过但认为是天方夜谭，因为员工并没有方向、没有动力且也不知道如何去做，而管理者也无法告诉他们。

而"人单合一"模式通过企业组织方式的变革，通过"去中层化"、设立小微组织、打破企业部门之间的围墙、打破企业员工和用户之间的围墙，让员工自组织、增值、自分享等一系列方法，根据价值链原理来组建链群合约，构建开放的商业生态系统，将供应商、合作伙伴、用户等各方紧密连接，实现与生态各方的"零边界"，并借助人工智能建设"无界生态"。

"人单合一"从根本上改变了管理学的固有理念，通过下放决策权、用人权、分配权等方法来激发员工内在动力，实现价值共创和尊严自给。因而管理者在某种程度上可以做到"无为"，不用再对员工管头管脚，管这管那，而员工自发组织的各种链群，又会因为新场景需求的产生、新增长点爆发而自发形成新的自增长、自裂变的新价值链群，并创造新的价值，从而达到"无不为"的境界。

道家的管理智慧体现为大局观的谋略，在大局观的前提下，注重无为，上善若水。《道德经》有言："天下莫柔弱于水，而攻坚强者莫之能胜，以其无以易之。弱之胜强，柔之胜刚，天下莫不知，莫能行。"在道家看来，柔弱具有一种内在的生命力，不是虚弱，不是脆弱，而是柔韧，保持一种不断发展、成长的生机，必定能战胜强大对手。西汉名将李广，做了边郡太守几十年，以英勇善战、箭法高强著称，匈奴称他为"飞将军"。汉景帝时期，他曾驻守上郡（今陕西北部，内蒙古南部），这里是汉朝和匈奴交界的地带。有一次李广带百余名骑兵出巡，遇到三名匈奴射手，当即杀死其中二人，活捉另外一人。当捆住俘虏上马要退回时，突然北方出现匈奴骑兵大队数千人。匈奴人也发现了李广的队伍，以为是汉军大部队派出的引诱敌人进攻的诱饵，不敢立即发起攻击，只是占据高处摆开阵势。而李广的部下更是害怕，想赶快策马逃走。李广制止说："我们离开营地有几十里远。匈奴人看见我们逃跑，会立刻追上来，我们马上就完了。如果我们停下来，匈奴人摸不透我们的情况。会认为我们在诱敌，反而不敢攻击我们。"李广命令部下迎着匈奴前进，来到距离匈奴阵地约有二里远的地方，停了下来。李广命令说："都下马，解下马鞍，坐在地上休息。"他的骑兵说："敌人很多而且离我们很近，如果出现紧急情况，怎么办？"李广说："敌人估计我们会逃跑；我命令部下解下马鞍，向他们表示不逃跑，用这个办法来坚定他们认为我们是诱敌部队的猜想。"这样，匈奴将领惊疑不定，真的不敢发起攻击了。过了一会儿，匈奴军中有一个骑白马的军官走出队前，左右张望。李广上马，和十多个骑兵向前去，射死了匈奴的白马将军，又返回来，到达他的百骑阵营中，解下马鞍，仍命令战士们放开战马，人躺在地上休息。这时，正好是黄昏时分。匈奴将领一直对李广部队的行为觉得奇怪，不敢前来进攻。天黑以后，匈奴军队担心附近真有埋伏的汉朝大军，会在夜间袭击他们，于是领兵撤退了。等匈奴人走远，李广这才带领部下上马返回营地。

以柔弱胜刚强是道家的决胜之道，企业经营管理同样如此。持之不懈，积小为大。《道德经》有言："江海所以能为百谷王者，以其善下之，故能为百谷王。是以圣人欲上民，必以言下之；欲先民，必以身后之。"道家"趋下"的伦理价值观更容易获得稳定和谐与成功。从社会分工角度看，每个企业都处于社会分工价值链的某一环节，从价值体系来看，市场价值链中不同环节互为服务关系，其中自然也会有各种矛盾。道就是矛盾的统一，道的管理就是运用规律来正确认识和解决矛盾。道家的处世智慧，就体现在对人世间一系列利害转化关系的洞察，在这种转化中去取得最大的效率和利益。道作为治理天下的根本，在此之下具体解决人与自然、人与人之间的矛盾，从而理乱求治，建立人与自然、与社会和谐的秩序，达到天人合一的管理最高境界。尊重客观规律，顺应自然。道家学说具有海纳百川、包容一切的思想品格。

第三节　儒家的谋略之道

儒家的谋略之道是理想人格的谋略之道，它发源于伟大的孔子。孔子，名丘，字仲尼，春秋时期鲁国陬邑（今山东曲阜市南辛镇）人，先祖为宋国（今河南商丘市夏邑县）贵族。中国古代的大思想家、大教育家和大政治家，儒家学派的创始人。孔子开创的儒家思想的核心是"礼"与"仁"。孔子的"仁"的观点，体现了人道精神；孔子的"礼"的观点，则体现了秩序和制度的要求，体现在中国管理智慧上，就构成了理想人格观的谋略之道。孔子的理想人格来自人的真性情、真情实感，是人的本质流露，这就是"仁"。孔子说："刚毅木讷近仁。"（《论语·子路》)，又说："巧言令色，鲜矣仁。"（《论语·学而》)。"刚毅木讷"的人和"巧言令色"的人，成为鲜明的对比。前者是以自己为主，凭着自己的真性情、真情实感做事的老老实实的人。后者是以别人为主，做事说话专为讨别人喜欢的虚伪的人。孔丘认为，前者是"近仁"，就是说，这虽然还不是"仁"，可是接近于"仁"。后者是"鲜矣仁"，就是说，在这样的人之中，是很少能成为"仁"的。从这个对比可以看出来，孔丘认为"仁"的基础是人的真性情、真情实感。儒家理想人格起源于真性情，基于此演绎出多种优秀的"仁"品德。例如，孔子对颜渊说："克己复礼为仁。一日克己复礼，天下归仁焉。"（《论语·颜渊》）又说："樊迟问仁。子曰：'爱人'。"（《论语·颜渊》）。孔子答子贡问时说："夫仁者，己欲立而立人，己欲达而达人。能近取譬，可谓仁之方也已。"（《论语·雍也》）他对子张说："能行五者于天下为仁矣。"（《论语·阳货》）五者，指的是"恭、宽、信、敏、惠"。

在孔子看来，上古圣王能够推行"仁"，从而天下大治。圣王本着自己的性情治理天下，得到了天下人民的拥戴，虽各有差异，但都具有"仁"的共性。三皇（历史上称伏羲、女娲、神农为三皇）虽然没有传下修身治国的言论，但是他们潜移默化地以仁德遍布四海，所以天下老百姓不知把功劳记在谁的名下。"帝王"一词的内涵，就是依照自然的法则，有理论，有法规，因此天下太平。有了功劳，君臣谦让，他们的美德，无形中变成了老百姓的行动，百姓当然不明白其中的奥妙。所以古代的帝王使用群臣不必有那么多的礼仪规矩、赏罚奖励，就能使四海黎民不互相伤害。作为五帝之首的轩辕黄帝，依据阴阳四时制定历法，按照农时所宜播种，充分发挥心智、体力，节约使用山林江河的自然资源，依四时五行之气教化民众，虔诚地祭祀天地之神、祖先之灵。

儒家真性情的"仁"所表露的理想人格，其中一种表述就是来自人、源自真性情的执着精神。"惟精惟一，允执厥中"。华为公司把技术研发和创新作为企业理想人格的追求和立足之本，坚持对技术研发高额投入，使其从一个电信设备代理商成长为全球通信设备供应商和技术方案提供者。为适应信息行业正在发生的革命性变化，华为不断做出面向客户的战略调整，从电信运营商网络向企业业务、消费者领域延伸，协同发展"云－管－端"业务，积极提供大容量和智能化的信息管道、丰富多彩的智能终端，以及新一代业务平台和应用，给世界带来高效、绿色、创新的信息化应用和体验，并开始在手机和网联新能源汽车方面发力，持续提升客户体验，为客户创造最大价值，丰富人们的沟通和生活，提高工作效率。

儒家真性情的"仁"所表露的理想人格，另一种表述就是以真情实感感化人。唐代诗人白居易说过："感人心者，莫先乎情。"以情动人、感情留人是当代企业管理中的重要因素。随着社会发展和时代进步，人的情感和心灵世界正在全面开放。在竞争日趋激烈的商业社会里，情感虽似日益淡薄，但情感也愈显珍贵。在企业经营中，情感已经成为一种资源，一种能量。情感策略运用得当，企业就能牢牢拴住员工和消费者的心，取得商业成功。"人非草木，孰能无情。"情，即情感、情趣，是人类共同行为的重要基因，在很大程度上影响着人类的思想行为。根据产生情感的主体不同，可以将情感分为三类：个体情感、群体情感和民族情感。个体情感是指情感主体为个人的情感活动，如爱情、激情、豪情等。群体情感是指情感主体为某一群人或一类人的情感活动，如亲情、乡情、同学情、粉丝感情等。中国受儒家文化的影响，人们尤其重视亲情，不少企业因此也大打亲情牌。另外还有民族情感，有些企业利用这种情感，打出民族品牌的旗号来进行营销。

在推行理想人格谋略之道的过程中，企业先要制定愿景和使命，塑造企业的优秀文化，方太集团就明确提出"产品、人品、企品，三品合一"的理念，用优秀的儒家文化引领企业发展，向着现代新儒商的理想人格和优秀企业品格不断迈进。企业愿景是企业家的根本立场及信仰，是企业最高管理者头脑中的坚定信念，也是企业员工认同并追随的理念，它表述了企业未来的理想，是对"我们希望成为怎样的企业"问题的回答。企业使命是企业生产经营的定位。企业确定的使命为企业确立了一个经营的基本指导思想、原则、方向、经营哲学等，它回答的是"我们的经营业务是什么"的问题。对这个问题的回答，确定了企业与其他企业的区别。

无论是企业的愿景还是使命，它们的制定需要符合"仁"的品性，只有这样才能展现"愿景"与"使命"的精神活力，为企业绝大多数员工所认同，并为企业文化的建设打下基础。一些著名企业的愿景和使命就彰显了这种"仁"的品性，是理想人格谋略的代表。例如，联想控股的愿景是"以产业报国为己任，致力于成为一家值得信赖并受人尊重，在多个行业拥有领先企业，在世界范围内具有影响力的国际化投资控股公司"。愿景是战略与文化的交集，既是战略的指引，也是文化的导航。愿景首先体现于战略，愿景制定之后，战略将围绕愿景制定阶段战略指标体系、年度经营计划，以及相辅相成的关键业绩考核系统。因此战略的思维应当是复杂问题简单化，这个简单化过程就是愿景的澄清、梳理、提炼的过程。

儒家还强调礼制。"礼"的思想对我国现代企业文化建设有积极的一面。在现代企业管理中可以推演为企业制度和规矩。没有规矩，不成方圆。企业文化的建设一定要有制度支撑，阿里巴巴的价值观是要考核的。德胜洋楼有非常具体的规章制度来约束员工的行为。对企业组织而言，在企业文化建设中倡导礼法思想的精髓，有助于企业明确企业的文化指向，帮助员工更好地确定行为规范，营造优秀的企业文化和企业形象。

第四节　兵家的谋略之道

以《孙子兵法》为代表的中国古代兵学，为世界著名企业家所推崇。日本松下公司创始人松下幸之助便说过："中国古代先哲孙子，是天下第一神灵，我公司职员必须顶礼膜拜，认真背诵，灵活运用，公司才能兴旺发达。"

兵家呈现给我们竞争制胜观的谋略之道，可集中体现为十二个字，即"知己知彼，正合奇胜，以迂为直"。

一、知己知彼

孙武指出，要取得战争的胜利，在战争中首先需要对敌我两方有比较全面的认识。因此他说："知彼知己，百战不殆。不知彼而知己，一胜一负。不知彼，不知己，每战必殆。"（《孙子兵法·谋攻篇》）意思是说：清楚敌人的实力和了解自己的实力，战斗就不会有危险；不清楚敌人的实力，只了解自己的实力，有时成功有时失败；不清楚敌人实力，也不了解自己的实力，每次战斗都会失败。孙武又说："知吾卒之可以击，而不知敌之不可击，胜之半也；知敌之可击，而不知吾卒之不可以击，胜之半也；知敌之可击，知吾卒之可以击，而不知地形之不可以战，胜之半也。故知兵者，动而不迷，举而不穷。故曰：知彼知己，胜乃不殆；知天知地，胜乃不穷。"（《孙子兵法·地形篇》）意思是说：只了解我军锐勇能打，而不了解敌军势强不可打，这是一胜一负，取胜的可能性只有一半；只了解敌势虚弱可以打，而不了解我军士兵怯懦不能打，取胜的可能性也只有一半；了解敌势虚弱可打，也了解我军精锐可用来打，而不了解地形条件不可以与之战，取胜的把握仍然只有一半。所以，真正懂得用兵的将帅，行动起来没有失误，采取措施没有困弊后患。所以说：了解敌方虚实，了解我方强弱，就能必胜而不至于危殆，了解天时，了解地利，战胜之功可以全得。

《孙子兵法》曰"知彼知己，百战不殆。"其智慧在企业管理中的运用，可使企业在竞争中获胜并保持长盛不衰。具体而言，就是在参与竞争的同时，对自身的力量有充分的了解；管理学上有进行企业分析的SWOT[1]工具，在把自身情况理清楚的同时，对产业环境和对手的情况也要基本清楚，这样做到"知己知彼"，才有可能在激烈的市场竞争中制定出有效的战略，并获得竞争优势。所谓"知己知彼"在战略管理中就是对企业内外环境进行分析，为战略规划做好准备。企业的外部环境包括总体环境、行业环境和竞争环境。总体环境包括那些在广阔的社会环境中影响一个行业和业内企业的各种因素。这些因素包括七个方面：人口、经济、政治、社会文化、技术、全球化和自然环境。行业环境是一系列能够直接影响企业及其竞争行为和反应的因素，即新进入者威胁、供方力量、买方力量、替代品，以及当前竞争对手之间竞争的激烈程度。总的来说，这五个因素之间的互动关系决定了一个行业的盈利潜力。企业面临的挑战在于，它需要在行业中找到这样一个位置，使其能够顺利地利用这些因素，或者能够成功地防御这些因素带来的不利影响。一个企业影响行业环境例如制定行业规则的力量越大，它获得超额利润的可能性也就越大。对总体环境的分析应着眼于未来；对行业环境的分析重点在于了解影响企业在行业内盈利能力的条件和要素；而对竞争对手的分析主要是为了预测竞争对手的行动、反应和意图。总的来说，企业利用这三种分析的结果是为了理解外部环境如何影响其愿景、使命和战略行动。企业只有把总体环境、行业环境和竞争环境分析的结果有效地结合起来，才能提升其经营业绩。

随着全球化的深入，企业环境分析变得越来越复杂，同时也越来越重要。例如当今中美贸易摩擦，就影响到中国众多行业中的企业。美国

---

[1] SWOT：是指一种基于内外部竞争环境和竞争条件下的态势分析方法，用于评估一个组织或项目的优势（Strengths）、劣势（Weaknesses）、机会（Opportunities）和威胁（Threats）。

对中国生产的电动汽车征收 100% 的关税，将严重制约中国新能源汽车出口。在此情况下，中国相关企业就要及时应对，采取出海战略，及时转移生产基地和调整出口目的地，以更好地消化中国汽车产能。这就是《孙子兵法》所说的"因敌变化"。

二、正合奇胜

孙武推崇"正合奇胜"的兵家之道，提出："凡战者，以正合，以奇胜"（《孙子兵法·兵势篇》），认为作战总是以"正"兵来抵挡敌军，用"奇"兵去夺取胜利。战场上的"正合奇胜"可以用最少的牺牲赢得战争的胜利，而竞争中的"正合奇胜"则可以用最少的投入得到最多的收益。正合奇胜是竞争的条件，用兵打仗首先自身要有一定实力，经常在正面与敌人对阵，而要想取得胜利则需要出奇兵，商场竞争也是一样的道理。在商场经营中，尤其是品牌战略的制定与执行过程中，出奇制胜的案例比比皆是。

众所周知，改革开放之后，中国的乳品业一直受到进口产品及合资品牌产品的冲击，发展面临很大困难。尤其是在 2008 年发生的三聚氰胺事件，对中国乳品业可以说是灭顶之灾。在这种情况下，创始于黑龙江的飞鹤集团，在冷友斌董事长的带领下，始终坚持产品质量，从做普通奶粉发展到专注于婴幼儿奶粉，并且在中国首创了婴幼儿奶粉分段的概念，针对婴幼儿不同成长阶段研制不同配方的奶粉产品，并且从打造产业集群，到种植奶牛饲料、养牛、控制奶源入手，打造全产业链，确保婴幼儿奶粉的产品质量，这样就避免了和其他奶粉企业的正面冲突。在众多乳品企业在 2008 年的三聚氰胺事件中翻船之后，飞鹤集团因为产品质量过硬，迎来了新一轮发展机会。在对进口产品和合资产品进行具体分析之后，飞鹤集团又在 2015 年提出了"更适合中国宝宝的奶粉"

这句营销口号，这句营销口号定位准确，而且指出了外国品牌和合资品牌奶粉可能存在的弱项，切入中国消费者心智，再结合飞鹤集团的一系列卓有成效的经营手段，使飞鹤迅速成长为中国婴幼儿奶粉销量的第1名。这个案例就是运用兵法中的"知己知彼"和"以正合""以奇胜"的谋略，在商场中出奇制胜的典型。

三、以迂为直

孙武说："军争之难者，以迂为直，以患为利。故迂其途，而诱之以利，后人发，先人至，此知迂直之计者也。"（《孙子兵法·军争篇》）意思是说："军争"中最困难的地方，就在于以迂回进军的方式实现更快到达预定战场的目的，把看似不利的条件变为有利的条件。所以，由于我迂回前进，又用利益来诱惑敌人，使敌人不知我意欲何去，因而出发虽后，却能先于敌人到达战地。能这么做，就是知道迂直之计的人。以迂为直是兵法中的一个重要谋略，在商场中亦可运用。有一个《如何把梳子卖给和尚》的生动故事，很好地解读了以迂为直的谋略。

三个人应聘推销员，考题是如何把梳子卖给和尚？第一个推销员拿着梳子到几家寺院简单推销，一把也没卖掉，只是在下山时见到一个和尚一边晒太阳一边挠着又脏又硬的头皮，他见状忙递上一把梳子，小和尚用后很高兴，当即买下一把。第二个推销员去了一座较大的寺庙卖了10把。是因为他见这座庙山高风大，前来烧香叩头的香客头发被风吹得乱七八糟。对此他灵机一动找到方丈说：你看进香朝拜者蓬头散发，这是对佛的不敬，寺院应该在香案上摆放梳子，供虔诚的人梳头。方丈一听觉得在理，于是为10个殿堂的香案买了10把梳子。第三个推销员找到一座闻名遐迩、香火很盛的宝刹，对方丈说：这么多心诚的朝拜者，购票、买香还买纪念品，是寺院的财神。如果方丈对这些善男信女有所馈赠，定能温暖人心，招来更多的回头客。再说方丈的书法超群，可以在梳子上题写"积善梳"三个字，让人们带着题字梳将佛教的真善美广传天下。方丈听后大喜，当即买了1000把，并同卖梳人一起向香客赠梳。宝刹向香客赠梳施善之事不胫而走，吸引朝圣者纷至沓来，宝刹香火越来越旺，方丈乐开了怀，又找到卖梳人续签合同，并保证今后让他源源不断地供应梳子。

第五节　纵横家的谋略之道

纵横家的谋略之道是强强联合与弱弱成强之道。战国时期，秦国在商鞅变法之后，一跃成为七国中实力最强的国家，齐国次之。秦国对其他六国（楚、齐、燕、韩、赵、魏）构成了严重的威胁。从此，社会上出现了一种从未有过的长期紧张的局面。于是，以秦国为对象，产生了两种崭新的但也恰恰针锋相对的战略思想和外交政策：一种是合纵对抗政策，即围堵政策，主张从北到南，各国缔结军事同盟，共同抵御秦国的侵略，秦国如对某一国家发动侵略，即等于向所有的盟国侵略，各国同时出兵作战；另一种是连横和解政策，即和平共存政策，主张从西向东，各国同时与秦国签订友好条约，保持双边的和平关系。当时苏秦和张仪为最著名的纵横家，苏秦主张合纵，合山东六国之力以抗秦。张仪主张连横，说六国以事秦。

在中国管理智慧的篇章中，连横的谋略就是强强联合，合纵的谋略就是弱弱成强。2009年蒙牛牵手中粮就是一个典型的强强联合的案例。成立于1999年的蒙牛乳业以持续的科技创新投入和出色的营销手段实现了快速增长。2002年其营业收入突破21亿元，在全国乳制品企业中的排名由成立时的第 116 位跃升至第 4 位；2006 年其营业收入飙升至 162.46 亿元，在全国乳制品企业中的排名上升为第 2 位；2009 年 7 月 6 日晚在香港联交所发布公告称，中国最大的粮油食品企业中国粮油食品（集团）有限公司（以下简称中粮集团）与私募股权基金厚朴投资管理有限公司（以下简称厚朴投资）共同投资 61 亿港元成立新公司（中粮集团与厚朴投资分别持股 70% 和 30%）入股蒙牛乳业。相关交易完成后，新公司将持有蒙牛乳业 20% 的股份，成为蒙牛乳业的第一大股东，而中粮集团将成为蒙牛乳业的实际控制人。2007 年 9 月蒙牛发布业绩报告，蒙牛乳业实现营业收入 100.21 亿元，首次跃居国内同行业首位。在短短 10 年里，蒙牛乳业从注册资本为 900 万元的一个乳业末流企业，发展为总资产达 60 多亿元，拥有液态奶、冰激凌、奶品三大系列 300 多个品种，产品覆盖国内市场并出口到蒙古国、美国等地，其超常规的发展速度和骄人的业绩为世人惊叹。作为中国乳制品行业的龙头老大，蒙牛乳业牵手中粮集团对其自身而言具有重要的战略意义。

弱弱成强的合纵谋略在现实的企业经营中也常常被使用，成为企业成长的一个有效途径。2006 年以前，浙江玉环县有大大小小 140 多家货运企业，一个店面一辆车子一个电话就是一家企业。散乱的市场势必造成企业间相互打压的无序竞争。2006 年年底，在玉环县交通运输管理部门的牵头和县物流协会的协调下，玉环 38 家货运企业整合成浙江陆通物流有限公司（以下简称陆通公司）。通过资源整合，由公司对货运业务、车辆、人员统一调度和配送，还建设了物流信息中心，实时发布货运信息，并与浙江物流网互联，还与部分制造企业的发货平台联网，对货源信息了如指掌。2009 年开始，陆通公司还尝试着给部分制造企业提供仓储服务。整合后的陆通公司，很快体现出规模效应。2007 年，陆通公司的货运量为 60 万吨，营业额达 1.23 亿元，缴纳税收 372

万元；2010 年货运量为 100 万吨，营业额达 3.7 亿元，缴纳税收 1327 万元。陆通公司的整合，至少有四方受益。第一是货主，随着第三方物流的成熟，物流成本降低了；第二是物流公司本身，经过整合，物流公司的效益上去了，整体营业收入比松散型货运企业时有了数量级增长；第三是管理部门，整合后规模大了，市场秩序变好了，有利于对市场的监控和引导；第四是地方政府，大型物流企业营业总额增加了，税收大幅增长。

第六节　法家的谋略之道

《韩非子》的作者韩非（约公元前 280 年—公元前 233 年），出身于韩国贵族家庭，是战国后期激进的思想家。韩非与李斯同为荀子的学生。他从荀子那里吸取的主要是"性恶论"的思想，这是他法治思想的内在根据。韩非曾上书韩王变法，未被采纳，退而总结韩国变法失败的经验，著书《韩非子》。秦始皇对韩非深为崇拜。韩非的思想为秦始皇"依法治国"的统治思想奠定了理论基础。与荀子不同的地方在于：荀子认为人性恶，所以需要教育，而韩非则认为人性恶，必须用法治。韩非认为人的天性是自私自利的，例如，做车子的"欲人之富贵"，做棺材的"欲人之夭死"，因为"人不贵，则舆不售；人不死，则棺不买"。

法家思想是由儒家和道家分化而来的。战国时期的法家主要有两派：一派以李悝、吴起、商鞅为代表；一派以申不害为代表。韩非在总结两派观点的基础上，吸收荀子的某些思想，构建了一整套法、术、势相结合的君主集权理论。"法"，是指官府制定的法律，它好比马的笼头，是起规范作用的；"术"，是指任免、考核臣下的方法，它好比是人驾驭马的方法，也就是权术；"势"，在当时其实质是指国家政权来说的，君主要做到令行禁止，就必须以掌握权势为前提，它好比马鞭，是具有惩罚作用的权威。

从法家"法"的智慧可得出制度化管理的模式。制度化管理需要做到四个原则：①明法原则——"法者，天下之程式也，万事之仪表也"；②公正执法——"法不阿贵，一断于法"；③率先垂范——"上梁不正下梁歪"；④赏罚有信——商鞅"徙木为信"。

管理之道"不仅务德而且务法"务德是建立感情，务法是彰显理性；感情是创业的基础，理性是成功的保障。企业中的法即是规章制度——"国有国法，店有店规"；然而，制度化管理不是永恒不变的，正如《韩非子》所言："圣人不期修古，不法常可。"否则就会犯"守株待兔"的错误。

法与术结合就形成了以术治吏与控制管理。正如《韩非子》所言："恃术而不恃信""恃势而不恃信""人主之患在于信人。信人则制于人。人臣之于其君非有骨肉之亲也，缚于势而不得不事也。"法与术的结合产生了法家"六微之法"，即用于观察和应对各种微妙情况的六种方法：权借在下——权借与臣下而无度；利异外借——会引狼（敌）入室；托于似类——混淆视听，以假乱真；利害相反——据利害冲突看事实；参疑内争——防止争权夺利；敌国废置——小心被对手利用。

法家"赏罚之术""除奸之术"可用于人力资源管理。《韩非子》有言："圣人之治也，审于法禁，法禁明著，则官法；必于赏罚，赏罚不阿，则民用；民用官治则国富，国富则兵强，而霸王之业成矣"。法家有择贤任势、执权处势的领导艺术。①择贤任势。"夫势者……贤者用之则天下治，不肖者用之则天下乱"。②执权处势。"权势不可借人"必须掌权。③树立威信。法家认为，"明君之道，使智者尽其虑，而君因以断事，故君不穷于智；贤者敕其材，君因而任之，故君不穷于能；有功则君有其贤，有过则臣任其罪，故君不穷于名。是故不贤而为贤者师，不智而为智者正，臣有其劳，君有其成功，此之谓贤主之经也"。

法家以"法、术、势"为其内容的刚性管理，表现为企业总体上的制度化管理，企业家可根据现代企业发展的需要，从法家的刚性管理思想中吸取经验和智慧。

如今位居世界乘用车轮胎产量第一名的青岛双星集团，是一家具有 90 多年历史的老国有企业。以前主要做胶鞋，2008 年以后企业全部改制，双星产业转产汽车轮胎。但是当时的双星，不仅厂房破旧，而且工艺设备、管理手段都很陈旧。企业到处是灰尘和炭黑，产品质量问题也很多。为了彻底改变这种情况，双星集团党委书记兼董事长柴永森上任之后，为了彻底改变大家的观念。把企业以前可以公然卖出去的不合格轮胎全部收回来铡掉，共铡了有上万条轮胎。铡轮胎很费劲，铡一条轮胎比生产一条轮胎都难，很多员工一边铡轮胎一边掉眼泪。柴永森坦言："我们是希望通过铡轮胎，让员工切实感觉到与其把做得不好的轮胎都铡掉，还不如从源头上一开始就把轮胎做好。"双星集团通过铡轮胎这样一种壮士断腕的决然行为，使全体职工在观念上有了很大震动，并确立了焕然一新的产品观、质量观、市场观。

第七章

中国管理智慧的天人合一——自然和谐发展

中国古人善于适应自然，从而与自然界和谐相处；善于适应社会，从而构筑社会的和谐；善于治理天下，从而实现国泰民安。这种处理人与自然、人与社会的管理之道就是"天人合一"的智慧。在中国古代，圣贤达人利用"天人合一"的智慧开辟了和谐的管理之道，把这种道作为治理天下的根本，并运用它具体解决人与自然、人与人之间的矛盾，从而理乱求治，建立人与自然、与社会和谐的秩序，达到了管理最高境界。中国古代"天人合一"的观点非常丰富，在《道德经》《黄帝内经》等经典中有很多表述，结合当代发展生态文明社会与建设美丽中国的大背景下，这方面的表述具有重要的时代意义和价值。

"天人合一"得以实现的人与人之间的和谐，包含三个层面含义：第一实现个体自身内心的和谐；第二，实现组织内部人与人之间和谐相处；第三，实现人与社会的和谐，也就是政府管理层面的社会和谐。

———

第一节　"天人合一"的概念

"天人合一"表达出中国先人关于"天、地、人"关系的观念。"天"指自然万物、宇宙世界，"人"指人类，也就是指人自身。"天人合一"，是人与大自然，与世界的和谐统一，而人作为大自然固有的一部分，"天人合一"更包含着人与人之间、人与社会之间的和谐统一。中国古代先人在探讨人与自然的关系时，总是把人作为自然界不可分割的一部分，天人合一的理论就集中反映了中国古人的这种传统的思维模式。天人合一的内在意蕴是将自然环境与人看成一个流转不息的共体，正是在此基础上，自然环境的"天"和自然环境中的"人"建立起互相交感的和谐关系。天人合一思想包含了宇宙观上的人与自然的统一，这种观念表现在人类的一切活动要与自然环境具备或取得和谐关系，这种和谐必须在人类的生产、生活的方方面面都得以实现。天人合一要求人类从思想到现实生活都实现人与自然的和谐相处，从天人合一要求人与自然共生的基础上产生的一种和谐相处的融洽状态，在这种状态下，人之所得就是自然之所予，人与自然之间对立的矛盾是不存在的。历史上"天人合一"理论涵盖的意义较多，在现代管理上具有重要价值的包括以下两类。

一、人天同构

人天同构是《黄帝内经》"天人合一"观的最粗浅的层面。《黄帝内经》认为人的身体结构体现了天地的结构。把人体形态结构与天地万物一一对应起来。人体的结构可以在自然界中找到相对应的东西，人体仿佛是天地的缩影。其目的在于强调人的存在与自然存在的统一性。

《黄帝内经·灵枢·邪客》说：天是圆的，地是方的，人的头圆、足方，以与天地相应。天上有日、月，人则有两目。地有九州，人有九窍。天有风雨，人有喜怒。天有雷电，人有音声。天有四时，人有四肢。天有五音，人有五脏。天有六律，人有六腑。天有冬夏，人有寒热。天有十天干，人有手十指。天有十二辰，人有足十指、阴茎、睾丸与之相应，女子无阴茎、睾丸，但可受孕而怀有胎儿，以补其不足之数。天有阴阳，人有夫妻。一年有三百六十五日，人身有三百六十五个穴位。地有高山，人有肩、膝。地有深谷，人有腋、腘。地有十二经水，人有十二经脉。地下有潜伏的泉脉，人体内有流行的卫气。地上生有众草，人身生有毫毛。天有白昼、黑夜，人有睡时、起时。天有众星，人有牙齿。地有小山包，人有小骨节。地有耸起的山石，人有高起的骨骼。地有林木，人有膜筋。地上有人烟凑集的村落都邑，人体有聚结隆起的肌肉。一年有十二个月份，人身有四肢十二骨节。地或四时不生草木，人或终身不育儿女。这就是人与天地相应的情况。"人天同构"实质上表述了中国文化中的自然观与秩序观，认为和谐的自然秩序与社会秩序就是天然的、自然而然的。这种思想可形成有效的管理手段，形成上下认同的理念，创造团结和谐的组织氛围。既然"人天同构"，那么人人也是同构的，如果思想达到这种境界，就实现了"四海之内皆兄弟"的和谐氛围。

孔子的弟子司马牛，有一次向孔子请教怎样做君子。孔子对他说："君子不忧愁，不害怕。"司马牛不懂这话是什么意思，便问道："不忧愁，不害怕，这就叫作君子了吗？"孔子说："君子经常反省自己；所以内心毫无愧疚，还有什么可忧愁、可害怕的呢？"随后，司马牛告辞了孔子。接着，司马牛见到了其师兄子夏。司马牛便忧愁地说道："人家都有兄弟，那是多么的快乐呀，唯独我没有。"子夏听了安慰他说："我曾经听说呀：'一个人死与生，要听从命运的安排，富贵则是由天来安排的。'君子对工作谨慎认真，不出差错；和人交往态度恭谨而合乎礼节。那么普天之下到处都是兄弟，君子何必担忧没有兄弟呢？"在一个组织中，如果能够实现组织成员之间都像兄弟一样，这样的组织一定是团结的、和谐的和有战斗力的。

《水浒传》中一百零八将结义成兄弟，构筑了一种融洽、团结、和谐的氛围，并且倡导"四海之内皆兄弟"的口号，作为汇聚天下英雄的共同愿景。在现代管理中并不是主张哥们义气，而是可以借助"人天同构"营造团结、和谐的组织氛围。

二、天人同类

大谈天人、古今，并寻求其中相通且互相感应的共同规律与法则，是中国历史上汉代的时代精神。汉武帝时代的大儒董仲舒提出了天人同类的理论，这种理论对现代管理具有重要的意义。董仲舒认为，"天地人"三者处于不同的位置，有不同的作用，但它们是"合而为一"的。他说："事物各顺于名，名各顺于天，天人之际，合而为一。"（《春秋繁露·深察名号》）他又说："天地人，万物之本也。天生之，地养之，人成之。天生之以孝悌，地养之以衣食，人成之以礼乐。三者相为手足，合以成体，不可一无也。"（《春秋繁露·立元神》）

董仲舒倡导"天人感应""天人合一"理论是有政治目的的。他的政治目的是"罢黜百家，独尊儒术"[1]，以儒家学说来统一社会思想，进一步加强中央集权，维护国家的统一和强大。他特别指出"大一统"，强调"一"，而实现"大一统"则要依靠"王"。他给"王"字做了解释，认为："古之造文者，三书而连其中，谓之王。三书者，天地与人也。而连其中者，通其道也。取天地与人之中以为贯而参通之，非王者孰能当是？"（《春秋繁露·王道通三》）天、地、人是一个统一体，而将三者贯通起来的就是"王"。因此在社会政治生活中要尊君王，君王

---

[1] 汉武帝时因为多年来的休养生息政策，国家实力逐步强大。在这种情势下，可以改变无为而治的策略，开始有所作为。董仲舒提出了这种方略，以统一思想，并且为政策寻找合理解释。他改革了儒家的传统思想，宣扬统一，被皇帝接纳。所以独尊儒术了，其他家的思想不再成为国家的主流思想。后人把汉武帝时代的这种政策称为"罢黜百家，独尊儒术"。

是现实世界代替上天统御人民并主宰万物的。

董仲舒以天人同类、同类相召、天人感应为主要思路，整合了阴阳五行、儒家道德伦理等各家思想作为理论基础，构造了一个完整的"天人合一"理论体系，并借助于汉武帝的推崇，把它的影响扩大到社会方方面面。在现代管理中，我们可以运用天人同类的思想智慧，用在以德管理、和谐管理、平衡管理等方方面面。

例如，在"以德管理"中，运用天人同类的智慧，领导者作为"君王"，首先，必须做到道德的表率，否则以德管理就是空话，会出现"上梁不正下梁歪"[1]的结局。其次，领导者要做到能够贯通天地人，天指的是道理，地指的是实践，人指的是为人处世。做领导者需要懂理论，能把理论用于实践，并且能够有为人处世的艺术。做到这一点，以德管理就落到实处了。在行政管理上，选用人才必须以德为先也是这个道理，没有德的官员自然不能做到"以德管理"，没有德的人做了官，注定是贪官。

对于企业来讲执行"以德管理"，贯彻天人同类的理念，就是要求企业经营者切实履行社会责任。在经营活动中，不仅考虑企业自身的发展，而且考虑顾客、股东、经销商、利益相关者的利益，同时做到不污染环境、不破坏社会和谐。企业是社会的一部分，企业所有的利润都来自社会，所以要取之于民，用之于民。2021 年 7 月 16 日，在全国"万企兴万村"行动启动大会上，刘永好、王均金、史贵禄等 10 位民营企业家，共同发起"让我们积极投身到万企兴万村行动中来"的倡议。倡议民营企业家继续弘扬"义利兼顾、以义为先、自强不息、止于至善"

---

[1]上梁：指上级或长辈。比喻在上的人行为不正，下面的人也跟着做坏事。比如：长辈们在小一辈的面前做不正当的事（打架、骂街、不孝顺父母），久而久之，小一辈也会学长辈们打架、骂街、不孝顺父母。

的光彩精神，积极履行社会责任，踊跃投身到"万企兴万村"行动中来，成为乡村振兴的生力军和奉献者。管理者只有把自己具备的素质、品格、作风、工作方式等个性化特征与领导活动有机地结合起来，才能较好地完成管理任务，体现执政能力；没有人格魅力，领导者的执政能力难以得到完美体现，其权力再大，工作也只能是被动的。当代西方领导理论中的"魅力型领导"也是同理。

第二节 "天人合一"的自我管理

个人内心和谐是实现其他和谐的前提。要做到内心和谐绝非易事，最要紧的，是借助"天人合一"的理念，通过修身养性、抑制贪欲、忘记自我三部曲来实现。

人之所以要修身养性，是因为人生在世，不可避免地会发生心灵世界与外在现实世界的冲突，心灵世界所期待的安逸同现实世界的物质追求不断发生矛盾。应该大力提倡通过修身养性解决心灵世界与外在现实世界的矛盾，不断提升自己的人生境界，从而真正做到内心和谐。"天人合一"思想告诉我们，天与我为一体，万物与我同在，世界的美好与我共存；让这种想法不断强化你的心灵，久而久之就实现了心灵中的"天人合一"。

抑制贪欲的关键是掌握如何正确对待物质欲望，需要树立正确的价值观。人活在世界上，必须满足一定的物质欲望的需求，例如衣食住行。这些基本的生活需求得不到满足，人就无法生活。人生在世不管你想要干什么，第一要务就是活着，人类的第一个需要就是物质生活本身。美国心理学家亚伯拉罕·马斯洛（Abraham Maslow）在 1943 年所著的《人的动机理论》一书中，提出了需求层次理论。他指出人的需求是有层次的，按照优先顺序可以把人的需求分为五大类：①生理需求。指最基本的物质需要，即衣食住行等生存方面的基本需求。②安全需求。指人们对安全的、有保障的物质环境和情绪环境的需求，以及人们不受威胁的需求。③归属需求。指包括对社会交往、友谊、情感，以及归属感等方面的需求，反映了人们渴望被同事接受、享有友谊、成为团体的一部分、为人所爱的需求。④尊重需求。指人们需要树立良好的自我形象，并赢得别人的注意、认同和尊重。⑤自我实现需求。指最大限度地发挥潜能，实现心中理想、追求最大成就的需求。"天人合一"的思想告诉我们，五种需求都来自人的自然本性，需要自然而然地逐渐展开，不可强求、不可妄为。"天人合一"思想告诉了我们应该怎样去对待需求、对待人的物质欲望，是无限制地去追求物质方面的高层次享受，还是顺应自然、尽人力听天命？"天人合一"思想告诉我们，寻求和谐不是禁欲，而是自然而然，是只求耕耘不问收获的心态。

忘记自我要达到的目标，是使内心世界达到一种"天人合一"的持续和谐的状态，是一种喜悦，是一种安逸，仿佛忘记了自我。按照《庄子·人间世》所倡导的"心斋"说法，心斋，就是虚空的心境，即超越功利的审美态度，忘我就是内心的斋戒，使心灵不受外界纷繁事情的干扰，专心致志，摒除一切杂念，使心灵潇洒自在。同样，忘记自我的心斋并不是啥都不干的懒汉心态，而是一种积极逍遥的投入，全身心的执着追求。

通过修身养性、抑制贪欲、忘记自我这三个步骤，调整人内心的平衡。以这种心态来处理人与自然的关系、人与人的关系，自然会达致和谐状态。在这种状态下，再按照马斯洛的理论行事，无论处在哪种需求层面，都是逍遥快乐的；能够做到积极为各种需求动机而努力，却不因需求动机的实现而过度喜悦，也不因所处的需求动机还处于较低层次而烦恼；顺其自然，逐层次地满足和实现自己的需求动机。

遵循"天人合一"自我管理的人，有机会成为合乎中庸品德的人才。道家始祖老子的弟子文子对符合中庸品德的人才提出了标准，他说："总括人才的美德，应该具备'心欲小，志欲大，智欲圆，行欲方，能欲多，事欲少'六个特征。"所谓"心小"，意思是说性格要谨慎周密，在祸患还没有发生的时候，就能考虑到预防的措施；灾祸刚刚显露出征兆的时候，就能提高警惕，有所戒备。最根本的对策是不放纵内心的欲望；所谓"志大"，是说立志要宏大，以实现天下大同、全人类共同富裕为己任，在错综复杂的是非风云面前，坚持不偏不倚、公正无私的总则；所谓"智圆"，意思是说智慧要圆融无隙，像圆形球体一样，处处融合，找不到起点和终点，但是能够包容四方，没有达不到的地方，又像地底深处的泉水，永远不会枯竭；所谓"行方"，意思是说行为要正直端方，不屈不挠，纯洁清白，犹如莲花，出淤泥而不染，濯清涟而不妖；所谓"能多"，意思是说才能要达到文武兼备，不论是在有所作为还是静默孤独的时候，都能使自己的言行合乎道德规范；所谓"事少"，是说善于把握事物的要领和关键，做到举一发而动全身，以一机治全局，以静制动，以静待哗。

做人要想保持大聪明、大智慧的优势，就必须使自己永远处于守拙抱朴的心理状态，如此方能行稳致远。范仲淹登岳阳楼而吟诵："至若春和景明，波澜不惊，上下天光，一碧万顷。"在此情境之下，只有"天人合一"的心灵才能有心如止水的平静，才能领悟修身于自然的奥妙。于是便能做到心平气和、不以物喜、不以己悲、处变不惊、逍遥自在。

第三节　"天人合一"的组织和谐

组织内部实现人与人之间的和谐展现了"天人合一"的组织行为价值，是现代企业管理的重要理论。"天人合一"的思想是"人是天地自然的产物"和"天、地、人都按'中'之法则运行"的观念结合一起的产物。孔子认为自然之天的功效就在于合四时以生万物，不要违背自然规律；然后他又认为人理解、把握自然运行的"理"，也就是"中"的法则，于是就产生了运用自然道理的"中庸之德"。"天理""人德"相互影响、相互沟通，"天"与"人"因"中"的法则而产生联系并趋于统一。也就是说，要用中庸之道来处理天人的关系，这便是达到"天人合一"的组织和谐。

一、适度原则

"天人合一"所指的中庸之道，首先表现为在处理组织的各种问题时能够恰如其分，主观分析与客观实际相一致，追求中正、中和、稳定、和谐；其实质就是在组织管理过程中始终贯彻恰到好处的适度原则。

唐朝刘晏任转运使时，安史之乱刚刚平定，百废待兴，国库空虚，他身负重任而信心十足。各处设立联系驿站，考察收集四方物价和许多边远地区行情。根据所掌握的信息，把各种物产在辖区内买贱卖贵，调剂有无，不仅平衡辖区的物产，又充实了国库。刘晏认为，国家关心灾民，不在于赏赐粮食财物，而是帮他们恢复生产。他在各州县设立知院官，责成他们每十天、一个月及时汇报农情，查清丰歉形势。掌握了确实情况，责令主管官员制订取丰补歉的计划。也就是说，善于处理难题的，是尽量不使难题酿成；善于救灾的人，要尽量不使灾情发展到非国家用财物救济不可的程度。赈灾发放的物资少，灾民不能得到满足；发放的多，国家又承担不起；勉强多发放，又得加重赋税。同时赈济中又有人钻空子，官吏狼狈为奸，而灾区又强者多捞，弱者少得。为了避免上述流弊，刘晏认为灾区最缺乏的是粮食，但还会有产业。刘晏选择的适度做法是：国家以低价卖粮给灾民；同时收购灾民的杂货，转卖或国家留用，于国于民都有好处。

二、合理选择

孔子主张详细地研究事物两端的道理，把事物两端的道理研究清楚，解释清楚，然后取其中一点即合适之点而用之，这就是"执其两端，用其中于民"。"用其中于民"是中庸的根本目的，而"执其两端"是达到中庸最佳状态的一种思维方式和方法策略。"执两用中"的选择原则含有从全局来把握事物本质的意思，要达到"中"的度，就必须认清两个临界点，否则就容易犯极端的错误。

汉景帝有个亲弟弟梁孝王，梁孝王派人刺杀了前宰相袁盎，汉景帝就召见田叔，让他查明此案。田叔了解了事情的真相，就把审讯记录全部烧毁，空手向汉景帝汇报。汉景帝问："有没有梁派人杀袁的事？"回答："有。"汉景帝问："事情真相如何？"回答："叫我烧了。"汉景帝大怒。可是，田叔却从容地对汉景帝说："陛下不要把梁孝王这件事当回事。"汉景帝问："为什么？"田叔说："现在梁王没有伏法，是汉朝的法律不允许；如果将其伏法，太后就会吃饭没胃口，夜里睡不好觉。这样，忧虑就会降落到陛下头上了。"这么一说，汉景帝看出田叔是一位杰出的贤臣，就任命他为鲁相。田叔到了鲁国后，有上百名民众告鲁王掠取他们的财物，田叔便把领头的十个人，各抽二十鞭子、打二十棍，并怒气冲冲地说："鲁王不是你们的主子吗？你们怎么敢告？"鲁王听说这件事以后，感到很惭愧，就要发放府中的钱，让田叔偿还有关的民众。田叔却回答说："这件事需要鲁王带人亲自去偿还，不然的话，民众会认为鲁王是恶人，而我田叔是大善人了。"田叔恰到好处的"执两用中"，解决了查梁王案的问题，并用这种方法帮助了鲁王。在组织管理过程中，这种智慧的使用有助于促进组织的和谐，是一种管理的艺术。

三、权变原则

《论语·子罕》中说："可与共学，未可与适道；可与适道，未可与立；可与立，未可与权"，强调在处理组织内部问题时依据不同的情景、不同的人、不同的事而"通权达变"。也就是具体情况具体分析，把原则性与灵活性有机地结合起来。《中庸》中这样说："君子中庸，小人反中庸。君子之中庸也，君子而时中。小人之反中庸也，小人而无忌惮也"，意思是说："有道德的君子能够做到中庸，无道德的小人的行为违背中庸。君子之所以能达到中庸的境界，是因为他的言行时时刻刻适中。小人之所以违背中庸，是因为它们无所忌惮。"

汉武帝时期的大将军卫青出兵定襄，属将苏建、赵信和三千多骑兵，撞上匈奴单于兵，战斗一日，死伤众多。赵信投降了单于，苏建独身而归。议郎周霸说："从大将军出兵以来，未曾杀一裨将。如今苏建弃军逃回，可立斩以树将军之威。"长史某说："不能如此。苏建用几千人，抵挡数万胡兵，力战一日，士兵皆无降意。自身逃归而被杀死，是告诉后来战败的都不要回归。不应当杀。"卫青说："我带领军队，怕的不是没有威严。周霸劝我杀人以明威，与我的想法不一致。况且即使我的责任应当斩将，我也不敢在遥远的边疆斩将，回去请皇帝自行裁夺，做人臣的不要专权，不也是应该的吗？"于是囚禁苏建交给皇上处理，皇帝果然赦而未杀。卫青掌握兵权数年，皇帝信任无比，而上边不怀疑他，下面不忌恨他，只因能够恪守中庸之道。

中庸所谓的权变原则，就是按照客观规律去办事，以达天地万物之和谐。形势发生变化，度也应该随之而发生变化。美的公司于1968年在何享健的带领下成立，1980年开始生产电风扇，且由此进入家电行业。现在，美的公司是我国最具竞争力的电器生产企业之一。美的公司的成长之路，就体现了随着形势变化而改变自身的权变原则，不断调整企业的组织结构，以适应新的形势。

（1）1980—1996年的职能式组织。20世纪80年代之前的美的公司基本上属于作坊式生产，谈不上组织架构。而后，从生产电风扇开始，随着公司规模的不断扩大，其组织形式也渐渐成形，在这段时间内，公司基本上是职能式组织结构。1980—1990年，美的公司主要业务为电风扇，生产产品较为单一，基本上是沿着供应、研发、生产、销售来做的，此时的职能制比较好地适应了公司的业务发展。20世纪90年代初，公司进入了电饭煲、电机等新行业，组织结构也进行了相应的扩充。在业务运作上，公司的研发、生产、销售等都是按照职能部门的方式进行的；集权分权上，美的公司主要决策权集中在何享健和其他几位公司董事手中，1992年，进行了公司—工厂—分厂三层管理的改革，但并不是很彻底。此时地方政府为大股东，公司很多决策和管理方案都必须逐级请示，而且没有聘请职业经理人，以使用本地人为主。

（2）1997—2006年的事业部制组织。随着家电行业的竞争日益激烈，公司规模的不断扩大，公司高层管理者整天忙于处理日常事务，没有时间考虑未来发展战略，这使得职能制组织结构的弊端开始显露，于是，从1996年下半年开始，公司着手进行组织变革，何享健劝退了一批老人，引进职业经理人，在 2001 年完成管理层收购后，组织结构进一步完善，最后形成了集团——二级产业集团——产品事业部的三级组织管理模式。此时，经营的责任和权利下放到事业部，形成"授权经营、委托管理"的管理模式，事业部以市场为导向，建立了研发、生产、营销一体化的运作流程，极大地释放了组织的潜力。

（3）2007 年开始的矩阵式组织变革。美的公司的事业部制变革很成功，但随着各事业部只考虑自身利益，事业部之间无法进行协作，其逐渐显露出自身的缺点，从 2007 年开始，又一次组织变革拉开大幕。这次是向矩阵式组织的转变，该组织的适用条件为组织拥有数量较多的产品线，且产品线之间存在着共享稀缺资源的情形，对于家电行业而言，销售渠道就是此类稀缺资源，因此，公司的此次变革是进行营销整合。第一阶段是建立国内各区域销售公司，第二阶段是建立统一的内外销营销平台，成立中国营销总部和国际事业部，第三阶段是后台职能的协同和整合。正因为美的集团不断适应形势和自身发展需要，积极稳妥地持续进行组织变革，而且在组织结构变革中推行了中庸之道的权变原则，才有了此后美的集团的高速发展。

在经济迅速发展的现代社会，企业所处的环境随时都在发生变化，科学技术日新月异，生产力迅猛发展，员工知识水平大大提高，社会价值观念也正在发生变化，产品生命周期越来越短，市场竞争则更加残酷、激烈。企业所面临的社会环境的变化和波动日益成为影响企业经营和管理活动的重要因素。因此，在现实管理中，无论是管理制度的制定还是管理技术的使用，乃至一切的管理行为，都要在把握形势的情况下进行变化。这种管理模式就是所谓的权变管理。

《周易》的六十四卦中有一卦是"天雷无妄"，直接理解这卦名称的意思就是天在打雷，别乱动。《周易》往往以直截了当的言语给世人启发与警示。但是《周易》的话语不是乱编出来的，是根据"天人合一"的原理确定天人之际的具体情境，根据天地之间固有的规律，为人们指出处理具体事情的最好方式、方法。上天如果在打雷，那就是在告诫世上的人们别乱动，如果你乱动就有被雷劈的危险；一旦打雷了怎么办呢，那就就近避雨，顺应自然的要求，不可乱跑，也别急着去做事情。

企业管理过程中也是一样，天上打雷就好比企业环境面临巨大变动，例如，技术进步、信息化等对传统的产业结构不断冲击，企业在一个飞速进步、剧烈变迁的时代经营，很多企业面对的市场环境就像"天雷无妄"卦所描写的情景一样，世界在飞速变化，方方面面都在改变，面对动态的市场，企业该怎么办？那就是，不可乱动，静观其变，顺势而为。

我们经常说"不管黑猫白猫，能逮耗子就是好猫"。这是因为我们看重的是逮耗子的成果，至于什么方式逮到的，不太重要。这种以成败论英雄的方式与"天人合一"的理念是一致的；能逮耗子的猫一定是按照抓耗子的规律行事，绝对没有妄为，没有乱来。同样作为猫的主人，要想让自己的猫抓到耗子，一定不可妄为，不要给猫瞎指挥，也不能用绳子把猫拴起来，束缚猫的手脚。主人给猫以自由，于是猫就可以按照自己设想的方法去抓耗子。在宏观经济管理中是这个道理，政府不要去干涉企业应该做什么，不应该做什么，政府的职能在于将营商环境打造好，将法治环境营造好，具体如何经营让企业家自己决定。而企业在经营过程中也是这个道理：猫的主人就好比企业的领导者，猫就好比能够从事各种工作的雇员。在现实管理过程中，领导者需要给下属以权力，让下属有自由做事权。领导者需要充分信赖下属，双方都依据"天人合一"的道理，建立诚实互信的良性循环。领导理论认为：作为一个领导者是否成功，最重要的是看领导者采用什么领导方式，形成怎样

的领导作风，领导者具体怎么做。密执安大学社会研究中心的利克特
（R.Likert）长期研究领导行为，他根据大量研究材料，证明依靠民主管
理，从内部来调动职工的积极性，才能充分发挥人力资源的作用。1961
年利克特发表了《管理的新模式》一书，介绍了四种领导作风方式，如
表7-1所示。

表7-1　利克特的管理系统

领导作风	第一系统专制独裁式	第二系统温和独裁式	第三系统协商式	第四系统民主参与式
下级对领导人的信心与信任	毫无信心与信任	有点信心与信任	有较大的信心与信任	有充分的信心与信任
下级感到与领导人在一起的自由度	根本没有自由	只有非常少的一点自由	有较大的自由	有充分的自由
在解决工作问题方面领导人征求和采纳建议的程度	很少采纳下属的意见和建议	有时采纳下属的意见和建议	一般能听取下属的各种意见和建议并积极采纳	经常听取下属意见和建议，总是积极采纳和运用这些意见和建议
奖惩措施	恐吓、威胁和偶然报酬	报酬和有形无形的惩罚	报酬和偶然惩罚	优厚报酬启发自觉

第一系统是专制独裁式的领导系统，效果最差。权力集中在最高一
级，下级无任何发言与自由，领导与下层存在不信任气氛，因而组织目
标难以实现。典型的代表是清代雍正年间为应对西北叛乱设置军机处，
总管对西北用兵的管理方式。

第二系统是温和独裁式的领导系统，权力控制在最高层，但领导者
对下级较和气，授予中下层部分权力，下层自由非常少，奖惩并用，上
下有点沟通，但是表面的、肤浅的。领导不放心下级，下级对上级存有

畏惧心理，工作主动性差，效率有限。李世民主政下的唐朝就是典型的温和独裁式领导，在当时的历史条件下效果非常好，开创了中国历史上著名的贞观之治。

第三系统是协商式的领导系统，领导者对下级有一定信任，重要问题的决定权仍在最高一级，中下级对次要问题有决定权，上下级联系较深，在执行决策时，能获得一定的相互支持。中国人民政治协商会议，就是典型的协商式领导模式，在中国共产党的领导下，保证了民主党派的参政议政。

第四系统是民主参与式的领导系统，上下关系平等，有问题民主协商，参与讨论，领导最后决策，按分工授权，下级也有一定的决策权；上下级有充分沟通，相互信任，感情融洽，上下都有积极性。

利克特提出的管理系统，在信息化与全球化的时代具有重要的积极意义。利克特的理论适合于信息化、全球化时代为数众多的企业情境要求，具体情况具体分析，不同情境采取不同的措施。在非常时期，紧急决策时采用第一系统、第二系统是可行的，因为危急时刻需要当机立断，看好的商机稍纵即逝，极端专制与仁慈的专制就是最好的选择。在常规阶段、有充分时间讨论，采用第三系统、第四系统的领导方式为好。因为信息化消除了人们之间交流信息的障碍，于是员工就更加追求公平、追求自由；员工是有能力的员工，要想让员工把事做好，就要给予相应权限。海尔集团给每一个创业的小微组织决策权、用人权、分配权，让他们在价值链增长中充分施展才能。

"天人合一"的思想告诉管理者，市场竞争无论多么激烈，遵循商业道德、法律和伦理是义不容辞的铁律。如果是企业内部的竞争，竞争者还要遵循公司内部的政策和制度。卓越领导者鼓励公开竞争，在竞争的规则下开拓进取，使企业不断蒸蒸日上。卓越的领导者也鼓励下属自我竞争，例如超过上个月的生产纪录，或者超过上个月的收入数字等。卓越的领导者还鼓励个人之间的竞争，比方说在服务领域争当本月的"最佳雇员"。即便如此，他将保证公平竞争，保证每一个人有均等的机会参与竞争。在不同的层次上，卓越的领导者鼓励部下参与竞争，力求晋升到其他部门，获得业务发展的机会，或取得业务培训课程的最高分。他知道，为了使公司能在充满严酷竞争的现实中继续存在，需要在全体员工中鼓励一种竞争精神。上海移动通信公司曾经推出一项中层干部竞聘制度，全公司中层干部每2年竞聘一次，以此来鼓励员工竞争，并且在公司内部营造一种能者上、庸者下的良好氛围。

在中国管理智慧中"天人合一"的思想还表现在敬天、爱天等各个方面，这已被现代企业管理实践证明是非常有效的管理智慧。

敬天就是要尊崇自然规律，对大自然要有畏惧之心。绿水青山就是金山银山，自然环境一旦被破坏就很难修复。我国浙江省的乌镇在打造古镇景观时，就高度尊崇古镇原生态的自然规律，在此基础上进行保护性改造和利用，适当融入一些现代元素，使游客近悦远来，既能感受到古镇的独特风貌，又能享受到现代商业便利，成为我国古镇建设的样本。

爱天即在企业经营过程中不能造成新的环境污染，保护好我们所在的自然环境。福建圣农控股集团有限公司如今约年产8亿只白羽鸡，集团自建了发电厂，用8亿只鸡的鸡粪作为燃料来发电，既节约了成本，又有效避免了对环境的污染。

"天人合一"的思想启示我们从整体上来看待人与自然的关系。"天人合一"包含两方面的内容：一方面强调人与自然是合为一体的，于是破坏自然环境就等同于害人类自身，就等同于自杀；另一方面又认为这种"合一"是以"相分"为前提的。人与自然虽然是合一的，但是人有主动性，能够改变自然界的面貌，例如建造高楼大厦、修筑道路桥梁等，都改变了自然界的面貌，以达到人类自身生活得更好的目的。因此，"天人合一"的理念，不是主张人类不进行生产活动，而是主张在改变自然界以服务于人类的同时，保护好自然环境，实现人与自然在经济和社会持续发展下的和谐统一。

参考文献

[1] Bernard M Bass. Stogdill's Handbook of Leadership [M]. New York: The Free Press, 1981.

[2] 艾泽银. 管理的语言技巧探析 [J]. 企业家天地, 2006（1）: 66-68.

[3] 百晓生. 谋士口才宝典 [M]. 合肥: 黄山书社, 1992.

[4] 宝钢集团. 宝钢2012年社会责任报告 [R].（2013-07-30）.

[5] 彼得·圣吉, 等. 第五项修炼·实践篇（下）[M]. 张兴, 等译. 北京: 中信出版社, 2011.

[6] 陈嵘. 中国森林史料 [M]. 北京: 中国林业出版社, 1983.

[7] 杜金亮, 侯书森. 智慧人生全书 [M]. 西宁: 青海人民出版社, 1999.

[8] 方广. 处世智典: 影响一生的心态修炼 [M]. 西安: 西北大学出版社, 2006.

[9] 冯德雄. 论柔性管理在企业人力资源管理中的应用 [J]. 武汉理工大学学报（信息与管理工程版）, 2007, 29（8）: 160-163.

[10] 冯国珍. 管理学 [M]. 上海: 复旦大学出版社, 2011.

[11] 冯梦龙. 智囊补 [M]. 哈尔滨: 黑龙江人民出版社, 1993.

[12] 冯友兰. 中国哲学史新编 [M]. 北京: 人民出版社, 1998.

[13] 高可为. 系统思考与企业战略 [J]. 聊城大学学报（社会科学版）, 2009（4）: 97-100.

[14] 李雯. 反经与中国式管理 [M]. 北京: 企业管理出版社, 2006.

[15] 何雅萍. 浅谈"外圆内方"在管理职能上的应用 [J]. 现代商业, 2013（26）: 150-151.

[16] 侯静雅, 林渊, 梁捷. 38家小企业整合成大物流 [N/OL]. 中国交通新闻网.

[17] 胡坚强, 等. 论"天人合一"与林业可持续发展 [J]. 林业科学, 2004（5）: 56-61.

[18] 黄鼎成, 王毅, 康晓光. 人与自然关系导论 [M]. 武汉: 湖北科学技术出版社, 1997.

[19] 黄如金. 21世纪的中国式管理 [M]. 北京: 经济管理出版社, 2008.

［20］黄学明. 内方外圆在管理上的应用［J］. 管理科学文摘，2007（6）：25-26.

［21］介新. 突发事件应对案例分析［M］. 北京：清华大学出版社，2012.

［22］金一南. 浴血荣光［M］. 北京：北京联合出版公司，2012.

［23］寇安炳. 外圆内方在企业文化建设中的作用［J］. 哲学动态，1995（9）：28-29.

［24］李丹. 天下策划［M］. 北京：中国长安出版社，2008.

［25］李晓蕊. 儒家经典与中国式管理［M］. 北京：企业管理出版社，2006.

［26］理查德 L 达夫特（Richard L Daft），雷蒙德 A 诺伊（Raymond A. Noe）. 组织行为学［M］. 杨宇，闫鲜宁，于维佳，译. 北京：机械工业出版社，2004.

［27］联合国规划环境署. 迈向绿色经济：实现可持续发展和消除贫困的各种途径［EB/OL］.（2011-12-13）. http://www. unep. org/zh-hans/resources/baogao/maixiang-lusejingji-shixiankechixufazhanhexiaochupinkundegezhongtujing.

［28］联合国环境规划署. 环境署2010年度报告［R］.

［29］刘芳. 世界环保组织［M］. 合肥：安徽文艺出版社，2012.

［30］刘洪，胡以文. 组织变革的方向——建立学习型组织［J］. 合肥工业大学学报：自然科学版，2000（1）：57-62.

［31］迈克尔 A 希特，R 杜安·爱尔兰，罗伯特 E 霍斯基森. 战略管理：概念与案例［M］. 吕巍，译. 北京：中国人民大学出版社，2009.

［32］毛睿. 浅谈"外圆内方"在管理职能上的应用［J］. 当代经济，2010（21）：42-44.

［33］齐丽云，魏婷婷. 企业社会责任战略模式演进的案例研究——以中远集团为例［J］. 管理案例研究与评论，2013，6（4）：296-310.

［34］邱凌，谢树清. 《红楼梦》人物对话言外之意分析［J］. 西昌学院学报（社会科学版），2009，21（1）：53-55.

［35］全球童工问题会议. 劳工组织总干事莱德呼吁加倍努力消除童工现象［N/OL］.（2013-10-8）联合国网站，http://www. un. org/chinese/News/story. asp?NewsID=20667.

［36］任婵媛. 儒家思想与当今的生态环境问题［J］. 才智，2008（2）：210-211.

［37］三石. 佛修心道修身［M］. 北京：当代世界出版社，2008.

［38］沈志渔. 中国企业战略管理案例［M］. 北京：经济管理出版社，2013.

［39］斯蒂芬 P 罗宾斯，玛丽 库尔特. 管理学［M］. 9版. 孙健敏，等译. 北京：中国人民大学出版社，2004.

［40］宋效永，薛超. 古今谋略词典［M］. 郑州：中州古籍出版社，1997.

［41］苏勇，何智美. 现代组织行为学［M］. 北京：清华大学出版社，2021.

［42］苏勇，罗殿军. 管理沟通［M］. 上海：复旦大学出版社，2021.

［43］孙勇才. 天人合一：人与自然和谐的文化意蕴［J］. 东南大学学报（哲学社会科学版），2008（2）.

［44］孙曰瑶. 农牧企业精确营销案例与策略［M］. 山东：山东大学授课材料.

［45］王力坚. 《诗经》赋比兴原论［J］. 社会科学战线，1998（1）：148-155.

［46］王鹏飞，袁征. 论柔性管理在企业管理中的作用［J］. 黑龙江对外经贸，2007（2）：96-97.

［47］王伟. 美的公司股权变动与组织变革［J］. 现代商业，2012（10）：172-173.

［48］王相平，牟绍波. 企业战略管理案例——面向不同行业的比较［M］. 成都：西南财经大学出版社，2013.

［49］温爱群. 企业管理中的“方”与“圆”［J］. 时代经贸，2009（Z1）：80-82.

［50］吴春波，尹志欣，马君. 企业社会责任与企业管理的关系研究——基于华为公司企业社会责任报告的案例研究［J］. 管理现代化，2014，34（4）：71-73.

［51］吴宇虹. 生态环境的破坏和苏美尔文明的灭亡［J］. 世界历史，2001（3）.

［52］徐仲才，徐善安. 洪泽湖控制工程与和谐水文化——兼及对“天人合一”和人水和谐的思考［J］. 水利发展研究，2008（1）：68-74.

［53］严法善，刘会齐. 环境利益论［M］. 上海：复旦大学出版社，2010.

［54］央视《公司的力量》节目组. 公司的力量［M］. 太原：山西教育出版社，2010.

［55］杨朝飞，里杰兰德. 中国绿色经济发展机制和政策创新研究（上册）［M］. 北京：中国环境科学出版社，2012.

［56］杨云. 我国传统儒家思想对建立现代企业文化的深远影响［J］. 兰州商学院学报，2003，19（2）.

［57］佚名. 乌镇案例馆揭幕诠释“天人合一的乌镇模式”［N/OL］.（2010-05-18）. 人民网-世博频道.

［58］曾仕强. 中国式管理使用手册［M］. 北京：北京大学出版社，2010.

［59］曾仕强. 中国式团队［M］. 北京：北京大学出版社，2010.

［60］张陶然. 犹太人赚钱术［M］. 北京：大众文艺出版社，2007.

［61］张萧然. "向污染宣战"：成长中的民间环保NGO［N］. 中国产经新闻报，2014-06-05.

［62］赵宁. 故事中的管理学［M］. 北京：地震出版社，2005.

［63］赵蕤. 反经［M］. 呼和浩特：内蒙古人民出版社，1997.

［64］中华环保联合会. 中国环保民间组织发展状况报告（2008 环境蓝皮书）［R］.（2018-11-24）.

［65］中华人民共和国环境保护部主要职责［N/OL］. 中华人民共和国环境保护部网站. http://www. mep. gov. cn/zhxx/jgzn/.

［66］朱瑞. 中国传统文化中的"天人合一"思想及其现代价值［J］. 攀登，2005（3）：104-106.

后　记

在管理学的汪洋大海中，有一个"印记理论"：个人和组织在某一个时期，因为受到环境和事件的影响，其行为会表现出某些明显特征。随后尽管环境或事件发生变化，这些特征仍然持续存在。对经理、律师和科研人员在内的各种人群研究表明，即使个人离开了职业生涯的早期阶段，他们也会继续呈现出在这一形成时期所采用的信念行为和取向。

上述理论在我的身上似乎得到了印证。尽管我在管理学领域已经耕耘 30 多年，也取得一定成绩，但因为历史学本科和中国思想文化史硕士两个早期学习阶段的学术熏陶和培养的学术兴趣，我除了管理学领域的教学和研究之外，还经常会从历史和文化的角度来思考管理问题，并尝试找到答案。我的第一本著作就是从文化角度认识企业管理，也是中国较早论述企业文化的著作（苏勇、叶永青，《企业文化——社会·价值·英雄·仪式》，中国展望出版社 1988 年出版）。非常感谢我国著名经济学家于光远先生，当年，他知道《企业文化——社会·价值·英雄·仪式》即将出版，主动表示可以将他在中国企业文化研讨会上的讲话作为那本书的序言。

从那以后，文化与伦理一直没有离开我研究管理学的视野。我的博士论文就是对企业文化的研究，并获得上海市社科出版基金资助，由复旦大学出版社出版（苏勇，《中国企业文化的系统研究》，复旦大学出版社 1996 年出版）。此后，我在管理学的教学研究中，又出版了多部相关著作，例如《中国企业伦理重建》（东方出版中心 2008 年出版）、

《管理伦理学》（机械工业出版社 2017 年出版）、《西方管理思想史》（机械工业出版社 2023 年出版）等。

"中国管理智慧"是我申请的"教育部哲学社会科学研究普及读物项目"研究成果之一。适逢企业管理出版社承担财政部国资预算项目"中华优秀传统文化在现代管理中的创造性转化与创新性发展工程"，并出版"中华优秀传统文化与现代管理融合"丛书。我觉得这是一项非常有意义的工作，而且本书主题非常适合该丛书，于是便欣然申请并承蒙纳入其中。本书正是着重于将中华优秀传统文化与现代管理相融合，试图为当代管理学贡献中国智慧。书中同时也融入了我主持的大型研究项目"改变世界——中国杰出企业家管理思想访谈录"成果之一的《改变世界：中国杰出企业家管理思想精粹》（企业管理出版社出版，共 7 本）中，中国多位杰出企业家在激烈的企业竞争中活用中华优秀传统文化的相关案例，使本书更具现代感和实用性。

在写作本书过程中，我又一次深入探索了中国传统文化中蕴含的管理哲学和智慧，这些智慧不仅在历史的长河中熠熠生辉，而且在当今快速变化的商业世界中依然具有强大的生命力和指导意义。我曾经提出中国管理模式的一项基本原则，那就是"中西兼容、古今相通"（《路标：解码中国管理模式》，机械工业出版社 2024 年出版，第 5 章），我一直认为，在中国企业家自身成长和带领企业发展的过程中，无论他们是否意识到，他们的经营理念、日常行为都受到中国文化传统的影响。而传统文化与文化传统又有区别。传统文化表现更具显性和普遍性，主要表现在器物层面，更容易一般性地被人们所广泛认知，例如中国的语言、文字、服饰、饮食等。而文化传统则更为深层次，更为隐性，表现为一种价值观、理念、意识，其影响更为根深蒂固，根植于人们头脑之中，随时随地都影响人们的行为方式。几千年来中国特定的社会存在，逐渐凝聚成一种相对稳定的思维方式和行为方式，形成中国特有的文化传统。这种深层次的文化传统，其影响更为深远，作用更加巨大，对企业家的影响也同样如此。

在中国历史发展中，管理思想的光芒一直在闪耀，无论是国家的宏观管理还是区域、组织的微观管理，具有东方色彩的中国管理智慧始终在发挥其应有的作用。虽然在漫漫历史长河中，中国管理思想还未形成规范系统的理论体系，但其中蕴含的价值经过千百年文化洗礼，依然闪耀着不朽光芒。要真正进行中国特色的管理学研究，基本前提就是要对中国文化有充分的认识和体悟，包括对传统文化及当代文化的认识。因为本土化并非生硬地将西方的东西搬过来，而是要对中国文化的价值在管理领域有深刻内化。如果没有这种基本认识，就谈不上研究中国管理学。

本书旨在挖掘和阐述中国管理智慧的核心理念，包括但不限于儒家的仁义礼智信、道家的无为而治、法家的令行禁止、兵家的策略与顺势而为等。这些思想不仅塑造了中国几千年的治理模式，也为现代企业管理提供了丰富的思想资源。在全球化背景下，这些智慧更显得弥足珍贵，它们能够帮助管理者在复杂多变的环境中找到平衡点和内在定力，实现企业可持续发展。

在撰写本书的过程中，我努力将理论与实践相结合，通过分析历史案例和现代企业实践，展示了中国管理智慧的现代应用。希望通过本书，读者能够对中国管理智慧有一个较为全面深入的了解，并将其应用到实际工作中，切实提升管理效能。

管理是一门艺术，也是一门科学，它需要我们不断地学习、实践和反思。中国管理智慧提供了一个独特的视角，帮助我们在管理的海洋中航行。